COLECCIÓN **LEER EN ESPAÑOL**

Pepita Jiménez

Juan Valera

español
Santillana

La colección LEER EN ESPAÑOL ha sido concebida, creada y diseñada por el Departamento de Idiomas de Santillana Educación, S. L.

La adaptación de la obra *Pepita Jiménez*, de **Juan Valera**, para el Nivel 5 de esta colección, es de **Eduardo Theirs Whitton**.

Esta edición: Publicada bajo acuerdo con
Grupo Santillana en 2022 por
Vista Higher Learning, Inc.
500 Boylston Street, Suite 620
Boston, MA 02116-3736
www.vistahigherlearning.com

Dirección de arte: **José Crespo**
Proyecto gráfico: **Carrió/Sánchez/Lacasta**
Ilustración: **Jorge Fabián González**
Jefa de proyecto: **Rosa Marín**
Coordinación de ilustración: **Carlos Aguilera**
Jefe de desarrollo de proyecto: **Javier Tejeda**
Desarrollo gráfico: **Rosa Barriga, José Luis García, Raúl de Andrés**
Dirección técnica: **Ángel García**
Coordinación técnica: **Fernando Carmona, Marisa Valbuena**
Confección y montaje: **María Delgado**
Cartografía: **José Luis Gil, Belén Hernández, José Manuel Solano**
Corrección: **Gerardo Z. García, Nuria del Peso, Cristina Durán**
Documentación y selección de fotografías: **Mercedes Barcenilla**
Fotografías: **Archivo Santillana**

© 1993 by Universidad de Salamanca
Grupo Santillana de Ediciones, S. A.
© 2008 Santillana Educación
Torrelaguna, 60. 28043 Madrid
En coedición con Ediciones de la Universidad de Salamanca

Published in The United States of America.
4 5 6 7 8 9 AP 26 25 24 23

ISBN: 978-8-49713-091-2
CP: 921034

Quedan rigurosamente prohibidas, sin la autorización escrita de los titulares del «Copyright», bajo las sanciones establecidas en las leyes, la reproducción total o parcial de esta obra por cualquier medio o procedimiento, comprendidos la reprografía y el tratamiento informático, y la distribución de ejemplares de ella mediante alquiler o préstamo públicos.

Juan Valera (1824-1905) nació en Cabra (Córdoba). De familia aristocrática, estudió Derecho y siguió la carrera diplomática, lo que le llevó a conocer lugares tan distintos como Nápoles, Lisboa, Río de Janeiro, Bruselas o Viena, completando así sus conocimientos y sólida formación humanística. Su afición por la novela despertó bastante tarde (Valera era ya un reconocido crítico, periodista, filósofo y traductor), pero fue esta última ocupación la que le haría famoso, gracias a obras como Juanita la Larga, Las ilusiones del Doctor Faustino, Genio y figura, Doña Luz, Morsamor *y, sobre todo,* Pepita Jiménez.

Profundamente humano, Valera se interesa sobre todo por el individuo, su psicología y sentimientos. Ama la vida y siempre la pone por encima de las ideas; defiende, en plena época romántica, que espíritu y materia pueden y deben ir juntos.

Así, Valera plantea en Pepita Jiménez *el conflicto entre el amor espiritual y humano, desarrollando con acierto uno de sus temas preferidos: el amor y la mujer. La novela no fue bien recibida por todo el mundo porque contenía alguna que otra verdad desagradable para la sociedad del momento. Pero Valera nunca escribió con fines sociales ni políticos; para él, la novela debía cumplir la misma función que el Arte en general: crear belleza. Y entretener al lector.*

Prólogo

EL señor deán* de la catedral de..., muerto hace pocos años, dejó entre sus cosas estos papeles que, pasando de unas manos a otras, han llegado a las mías por extraña casualidad sin que se pierda ninguno de los documentos.

Dichos papeles llevaban por título una frase en latín y no el nombre de mujer que yo les doy ahora. Y tal vez ese título haya permitido que los papeles se conserven porque, creyéndolos cosa de iglesia, nadie antes que yo se decidió a leer una sola página.

Tienen estos documentos tres partes. La primera dice: Cartas de mi sobrino; la segunda: Cosas no dichas, y la tercera: Cartas de mi hermano.

Todo ello está escrito por una misma mano, probablemente la del señor deán. Y como el conjunto parece una novela, yo imaginé al principio que él mismo quiso probar a escribirla para distraerse[1] en sus momentos de descanso. Ahora, viendo lo natural y sencillo de su estilo, pienso que no hay tal novela. Supongo que las cartas son copias de otras verdaderas que el señor deán quemó o devolvió a sus dueños. Sin embargo, la parte que completa los hechos que las cartas no cuentan, sí debe de ser obra suya.

---

* Las palabras marcadas con asterisco (*) están explicadas en el «Glosario religioso» de las páginas 85 y 86.

Su lectura me ha interesado mucho y he decidido ofrecerla al público sin investigar nada más. Solamente he cambiado los nombres propios para que las personas de esta historia no se vean en novela sin quererlo ni permitirlo.

Las cartas de la primera parte parecen escritas por un joven de pocos años sin ninguna práctica en las cosas del mundo. Fue educado en el Seminario*, al lado del señor deán, su tío, con un gran sentimiento religioso* y el deseo de ser sacerdote*. Le** llamaremos don Luis de Vargas.

Las cartas, copiadas de las originales, son las que siguen.

** Hemos respetado en la presente adaptación el «leísmo» característico de Valera. El «leísmo» consiste en un empleo abusivo del pronombre personal **le** –complemento indirecto– en vez del pronombre **lo** –complemento directo– para referirse a un objeto directo de persona («Le llamaremos» en vez de «Lo llamaremos»). Es un uso propio de las zonas de Castilla y León y está hoy admitido por la Real Academia de la Lengua.

I

CARTAS DE MI SOBRINO

22 de marzo

Querido tío y buen maestro: Hace cuatro días que llegué con toda felicidad a este lugar en el que nací, donde he encontrado bien de salud a mi padre, al señor vicario* y a los amigos y parientes. La alegría de volver a verles y de hablar con ellos después de tantos años me ha robado el tiempo y no he podido escribirle hasta ahora. Usted me lo perdonará.

Como salí de aquí tan pequeño y he vuelto hecho un hombre, es curiosa la impresión[2] que me producen las cosas que guardaba en la memoria. Todo me parece más pequeño, mucho más pequeño, pero también más bonito. La casa de mi padre, que en mi imaginación era muy grande, es la casa de un rico agricultor, pero más pequeña que el Seminario.

Lo que ahora comprendo mejor es el campo de los alrededores. Las huertas[3], sobre todo, son estupendas. ¡Qué caminos tan bonitos hay entre ellas! A un lado, y a veces a los dos, corre el agua con una música muy agradable. Las orillas de estos pequeños ríos están llenas de plantas de excelentes olores y de mil clases de flores. Dan sombra a estos caminos altos árboles, y gran cantidad de pajarillos alegran los campos con sus canciones. Yo estoy encantado con las huertas, y todas las tardes me paseo por ellas un par de horas.

No tengo demasiado tiempo para mí pues no me dejan parar con tanta visita. Mi padre es el cacique[4] del lugar y, aunque yo siempre he creído que era cosa de broma, lo cierto es que es una función muy seria.

Nadie comprende mi deseo de hacerme sacerdote y esta buena gente me dice, con una inocente falta de cultura, que debo «colgar los hábitos*». Dicen que el ser sacerdote está bien para los pobres, pero que yo, que soy rico e hijo del cacique, debo casarme y alegrar la vida de mi padre con muchos y hermosos nietos.

Todos me llaman Luisito o el niño de don Pedro, aunque tengo ya veintidós años cumplidos, y son muy amables conmigo. Ya me han invitado a comer varias de las personas más importantes del lugar.

Mañana como en casa de la famosa Pepita Jiménez, de quien usted habrá oído hablar sin duda alguna. Todos saben por aquí que mi padre quiere casarse con ella.

Es verdad que mi padre, a pesar de sus cincuenta y cinco años, está tan bien que todavía puede dar envidia a los jóvenes del lugar. Tiene además el atractivo de sus pasados y abundantes amores y a algunas mujeres les gusta su aire de don Juan.

No conozco aún a Pepita Jiménez. Todos dicen que es muy hermosa. Pero por lo que de ella se cuenta, todavía no sé si es buena o mala. Pepita tendrá unos veinte años; es viuda y sólo estuvo casada tres años.

Era hija de doña Francisca Gálvez, viuda, como usted sabe, de un militar retirado que, al morir, no les dejó más que su pobre salario. Hasta la edad de dieciséis años vivió Pepita con su madre siendo muy pobres.

Tenía un tío llamado don Gumersindo, dueño de una pequeña propiedad. Cualquier persona normal hubiera vivido en continuas dificultades con los pocos beneficios que esta propiedad producía, pero don Gumersindo era un maestro en el arte de ahorrar. No se sabe cómo vivió, pero el caso es que llegó a los ochenta años, ahorrando y aumentando su dinero poco a poco.

Durante años llevó la misma chaqueta y los mismos pantalones y nadie le vio nunca comprar ropa nueva. Pero, aunque muy usadas, sus ropas estaban siempre muy limpias.

Alegre y amigo de bromas, iba a todas las reuniones y fiestas siempre que no tuviese nada que pagar. Nunca había demostrado amor por ninguna mujer, pero inocentemente quería a todas.

Cuando tenía casi ochenta años, Pepita iba a cumplir dieciséis. Él era poderoso; ella, pobre y no tenía a nadie que la protegiera.

Su madre era una mujer de poca inteligencia y menos cultura. Se quejaba de sus muchas dificultades y de la triste muerte que tendría en medio de tanta pobreza.

En tan difícil situación empezó don Gumersindo a visitar frecuentemente la casa de Pepita y de su madre. Parecía imposible que un hombre que había pasado casi ochenta años sin querer casarse pensase en hacerlo cuando ya estaba cerca de la muerte. Por eso, ni Pepita ni su madre imaginaron los pensamientos de don Gumersindo. Así es que un día las dos mujeres quedaron sorprendidas cuando el hombre le preguntó muy serio a Pepita:

—Muchacha, ¿quieres casarte conmigo?

Aunque podía tomarse como una broma cariñosa, Pepita se dio cuenta de que aquello iba en serio. Se puso colorada y no contestó nada. La madre contestó por ella:

—Niña, no seas maleducada; contesta a tu tío lo que debes contestar: «Tío, con mucho gusto; cuando usted quiera».

Y así fue como Pepita se casó con don Gumersindo.

El valor moral de esta boda puede discutirse mucho. Pero si Pepita pensó que de esta manera iba a hacer más fácil la vida de su madre, es fácil comprenderla y no condenarla. Tal vez pensó que casarse con aquel viejo significaba cuidarle⁵ y hacer más agradables los últimos días de su vida. Si algo de todo esto pensó la muchacha, es evidente que lo que hizo fue bueno. Aunque, ¿quién puede saber lo que esconde el corazón de una joven?

Yo ni siquiera conozco a Pepita Jiménez y no tengo derecho a investigar su alma*. Lo cierto es que ella vivió en buena paz con el viejo durante tres años y que éste parecía más feliz que nunca. En su última y dura enfermedad, Pepita le cuidó con todo su cariño hasta que murió en sus brazos, dejándole toda su fortuna.

Aunque hace más de dos años que murió su madre, y más de año y medio que quedó viuda, Pepita lleva aún sus ropas negras. Su manera de vivir es tan solitaria y correcta que cualquiera pensaría que llora la muerte del marido como si hubiera sido un hermoso joven. Quizás alguien piense que el orgullo⁶ de Pepita y el conocimiento cierto que tiene hoy de los medios con que se ha hecho rica, le producen vergüenza a sus propios ojos y a los de los hombres. Por ello pueden pensar que ella vive encerrada y busca así curar la herida de su corazón.

Con todo, Pepita, hermosa, con dinero y haciendo, como dicen todos, buen uso de sus bienes, está muy bien considerada por la gente de aquí. De este pueblo y de otros de los alrededores han venido a pretenderla⁷ los jóvenes de mejor nivel social. Pero, según parece, ella se niega siempre, aunque dulcemente, tratando de no ganarse enemigos. Se supone que tiene llena el alma de sentimientos religiosos y que es su intención ocupar su vida en obras santas y buenas.

Mi padre tampoco ha conseguido más que los otros pretendientes, pero Pepita intenta mostrarle la amistad más amable y cariñosa. Tiene hacia él grandes atenciones y muy buen trato; pero, si mi padre trata de hablarle de amor, Pepita le recuerda su vida pasada e intenta quitarle la idea de la cabeza.

Veo que estoy ocupando la mayor parte de mi carta dándole detalles sobre Pepita Jiménez. Pero debo confesar* que me interesa, por lo mucho que oigo hablar de ella. Además, tengo curiosidad por conocerla y saber si puede ser una buena esposa[8] para mi padre.

Hay otro asunto que me preocupa y del que necesito hablarle. Usted sabe lo fuerte que es mi deseo de ser sacerdote y mi falta de interés por las cosas materiales. Siendo mi padre el cacique, yo podría ser rico, pero no quiero. Y yo me pregunto: ¿No será que no quiero aceptar nada de lo que mi padre pueda darme?, ¿no será esto orgullo?

A veces me preocupa pensar que, en el fondo, no he sabido perdonar a mi padre, que tanto hizo sufrir a mi pobre madre con sus aventuras amorosas.

Sin embargo, cuando lo pienso profundamente, no encuentro en mi pecho nada de odio[9] hacia mi padre. Por el contrario, el agradecimiento[10] lo llena todo. Mi padre me ha dado su apellido y fue él quien me mandó con usted, con quien tanto he aprendido. El cariño de mi padre hacia mí es extraordinario y muy superior al que yo merezco.

Cuando tengo estas dudas sobre el verdadero motivo de mi vocación* religiosa, casi siempre las resuelvo a mi favor: no creo ser orgulloso con mi padre y doy gracias a Dios cuando veo que la fuerza de la sangre me llena de amor hacia él. Entonces me quedo más tranquilo y seguro de haber elegido libremente mi destino.

Adiós, tío: en adelante le escribiré a menudo y con tanto detalle como me ha pedido, aunque no tanto como hoy para no parecer exagerado.

28 de marzo
Estoy empezando a cansarme de estar en este lugar y cada día siento más deseo de volverme con usted. Pero mi padre está muy contento de tenerme a su lado y, por eso, me pide que me quede

aquí con él dos meses por lo menos. Está tan cariñoso conmigo que sería imposible no darle ese gusto. Me quedaré, pues, el tiempo que él quiera. Para alegrarle, trato de que me guste la vida que se hace aquí, los paseos por el campo y hasta la caza, a todo lo cual le acompaño. Pero confieso que echo de menos la vida del Seminario y, más que nunca, estoy decidido a ser sacerdote.

Hace cinco días, como le dije, fuimos a casa de Pepita Jiménez. Como vive encerrada, no la conocí hasta el día en que comimos allí. Me pareció tan bonita como dicen todos y me di cuenta de que tiene un trato tan amable con mi padre que le da alguna esperanza de aceptar su mano.

Como es posible que ocupe el lugar que dejó mi madre, la he observado con atención y me parece una mujer extraordinaria. Tiene una paz exterior y una elegancia natural que la hace distinta de todos los que la rodean. No se viste ni como mujer de pueblo, ni según la moda de las ciudades, pero une las dos maneras de vestir perfectamente, de modo que parece una señora.

Su casa está siempre limpísima y todo en un orden perfecto. Sus muebles son sencillos, pero de buen gusto. Tanto en el patio como en las salas hay muchísimas flores muy bien cuidadas.

No se puede negar que Pepita Jiménez es inteligente y educada: ninguna broma tonta, ninguna pregunta de mal gusto sobre mi vocación ni sobre el sacerdocio* que voy a recibir han salido de sus labios. Habló conmigo de las cosas del lugar, del vino y del aceite, y del modo de conseguir mejor calidad; todo ello de manera sencilla, sin mostrar deseo de parecer muy entendida.

Mi padre estuvo muy atento, parecía más joven y sus atenciones hacia la mujer de sus pensamientos eran recibidos con agradecimiento. Estaban también el médico y el señor vicario, gran amigo de la casa.

El señor vicario tiene un gran respeto[11] por Pepita. Varias veces me dijo que ayuda mucho a los pobres y que es muy buena con todo el mundo. Da la impresión de que la considera casi una santa. Después de oír estas palabras del señor vicario ya no puedo menos que querer que mi padre se case con Pepita. Éste sería el único modo de que él cambiase su vida desordenada. Es más, mi padre me ha confesado que ése es también su deseo y que Pepita es la única que puede ayudar a conseguirlo.

Éstas son, querido tío, las principales ocupaciones de mi padre. Y sobre todas ellas me pregunta y pide consejo.

No es el único; la buena opinión que usted, querido tío, tiene de mí ha hecho que la gente del pueblo piense que mis consejos tienen mucho valor. Todos me cuentan sus problemas y me piden que les muestre el camino que deben seguir. Hasta el bueno del vicario ha venido a preguntarme sobre varios casos de conciencia[12] que se le han presentado en el confesionario*.

Mucho me ha llamado la atención uno de estos casos que, con mucho secreto y sin decirme el nombre de la persona interesada, me ha contado el vicario. Al parecer, una hija suya de confesión* tiene grandes problemas: se siente llevada a una vida retirada y religiosa, pero teme que este deseo nazca de su orgullo. En efecto[13], no sabe si ama a Dios por sí mismo o porque ningún otro ser merece su amor.

Yo no quería opinar debido a mi poca experiencia y pocos años, pero el señor vicario ha insistido de tal modo que no he podido negarme. Le he dicho que mejor sería que esta mujer mirara con buenos ojos a los hombres que la rodean; que trate de ver en cada ser humano a alguien que merece ser amado, a un igual suyo. Y si el amor a Dios es más fuerte que el amor a los demás, entonces no hay miedo de que nazca de un amor propio exagerado.

Si, como creo, es Pepita Jiménez la que tiene estas dudas, no me parece que mi padre sea muy querido todavía. Si el vicario le da mi consejo y ella lo pone en práctica, o será una santa, o se alegrará de aceptar la mano y el corazón de mi padre.

4 de abril

Mi espíritu no está tranquilo. La vida en este lugar es muy distinta a la del Seminario: todo son visitas, paseos a caballo y fiestas. No tengo tiempo de leer ni de pensar siquiera. Y ahora que está tan cerca el día en que seré sacerdote, me preocupa que mi mente se distraiga con estas cosas tan humanas.

He descubierto que me lleno de emoción cuando veo toda la belleza de esta tierra: las estrellas, las frescas huertas con tantas flores y tan hermosos árboles. Siento tanto entusiasmo que a veces lloro de alegría al oír cantar a los pájaros o al ver la suave luz de la luna.

Sé bien que amar[14] a Dios es amarlo todo, porque ¿qué son las cosas sino la obra de su amor? Sin embargo, tengo miedo de estar olvidándole ante[15] la belleza de su obra, ante lo humano y material.

Dígame qué piensa de todo esto, querido tío. Dígame si hay algo malo en estos sentimientos míos.

8 de abril

Siguen las fiestas en el campo, a las que tengo que asistir aunque no me guste.

He acompañado a mi padre a ver casi todas sus tierras y mi padre y sus amigos se sorprenden de mis conocimientos de las cosas del campo. Parece que para ellos los estudios de un sacerdote son contrarios al conocimiento de la vida natural. ¡Cómo se han sorprendido al verme distinguir las distintas clases de uva y reconocer las muchas plantas que nacen en estas tierras!

Pepita Jiménez, que ha sabido por mi padre que me gustan mucho las huertas de por aquí, nos ha propuesto ir a una que tiene a corta distancia del pueblo. Quiere invitarnos a comer las frutas tempranas que en ella se recogen. Este gusto de Pepita por tratar bien a mi padre me parece a menudo que nace del gusto de provocar a los hombres; pero cuando veo a Pepita después, y la encuentro tan natural y tan sencilla, se me pasa el mal pensamiento e imagino que no tiene otro fin que el de conservar la buena amistad.

Anteayer, pues, fuimos a la huerta de Pepita. Es un hermoso lugar, de lo más agradable que pueda imaginarse: un pequeño río corre entre flores y árboles llenos de frutas y el olor de miles de rosas se sube a la cabeza como el vino.

Allí nos ofreció Pepita una buenísima merienda. Asistimos a este paseo mi tía doña Casilda, mi padre y yo; tampoco faltó el vicario, padre espiritual de Pepita.

Nos sirvieron la merienda las criadas, dos bonitas muchachas que vestían trajes cortos de alegres colores y un elegante pañuelo sobre la espalda.

Sólo la calidad de la tela y el color negro distinguían el traje de Pepita, pues su vestido tenía la misma forma que el de las criadas. En lo que demostraba mayor cuidado era en llevar guantes. Es evidente que cuida mucho sus manos y que tal vez pone un cierto orgullo en tenerlas muy blancas y bonitas.

Comprendo, aunque no justifico, este pequeño orgullo. ¡Es tan distinguido tener unas manos bonitas! Hasta creo, a veces, que las manos son la expresión más clara de la personalidad. La mano es la herramienta de nuestras obras, el medio por donde la inteligencia da forma a todos sus pensamientos. La mano fuerte de un trabajador demuestra el poder del hombre sobre la naturaleza[16]. En cambio, las manos de esta Pepita son blancas como la nieve, de dedos delgados y tan perfectamente dibujadas que parecen expresar el poder del espíritu humano sobre todas las cosas materiales. Yo creo imposible que una persona con unas manos como las de Pepita pueda tener malos pensamientos.

No hay que decir que mi padre se mostró tan encantado de Pepita como siempre; ella estuvo muy atenta y cariñosa con él, aunque con un cariño más de hija que de mujer. Mi padre, a pesar de su

Pepita Jiménez

Nos sirvieron la merienda las criadas, dos bonitas muchachas que vestían trajes cortos de alegres colores y un elegante pañuelo sobre la espalda.

carácter ligero con las mujeres, trata a Pepita con mucho respeto. Apenas si se atreve a decirle «buenos ojos tienes»; y en verdad que si lo dijese no mentiría. Los ojos de Pepita son grandes, verdes y hermosos, aunque ella parece no darse cuenta de ello. En efecto, no se descubre en Pepita la menor intención de atraer[17] a los hombres con su dulce mirada; no es como otras mujeres jóvenes y bonitas que hacen de sus ojos un arma para despertar corazones. No son así los ojos de Pepita, en ellos hay una paz como del cielo. Se fijan con cariño en un rayo de luz, en una flor, en todas las cosas; pero con mayor cariño miran a los demás, sin que nadie se atreva a suponer nada más que amistad.

Yo me paro a pensar si todo esto será estudiado, si esta Pepita no será una gran actriz; pero sería tan perfecto su engaño que parece imposible. La misma naturaleza, pues, es la que guía esta mirada y estos ojos.

No sé por qué me preocupa tanto el aspecto de Pepita. Quizás porque va a casarse con mi padre; o quizás porque es difícil pensar que tanta belleza y perfección[18] del cuerpo pueda acompañarse de una perfección del espíritu. ¿Y por qué no?

Lo cierto es que la fiesta en la huerta fue tranquila y divertida: se habló de flores, de frutas y de otras mil cosas relativas al campo. Pepita mostraba sus conocimientos de agricultura charlando con mi padre, conmigo y con el señor vicario, que se queda con la boca abierta cada vez que habla Pepita. Asegura que en los setenta y muchos años que tiene de edad no ha conocido mujer más equilibrada en todo lo que piensa y dice.

Cuando volvemos a casa después de una de estas visitas, le digo a mi padre que ya es hora de que vuelva con usted al Seminario. Pero mi padre está tan contento de compartir su vida y sus ocupaciones conmigo que encuentra siempre, y aún encontrará durante algunos meses, algún motivo para tenerme aquí. En fin, que me veo obligado a quedarme contra mi gusto; aunque no debería decir yo «contra mi gusto», porque lo tengo muy grande en vivir con un padre tan bueno.

Lo malo es que en este sitio temo perder mi vida espiritual; estoy distraído y ya no pongo tanta atención en mis oraciones como hacía antes. En cambio, surgen en mi corazón otros sentimientos que en ocasiones me parecen ridículos y me producen vergüenza. Si me despierto en el silencio de la noche y oigo que algún campesino canta una canción de amor, me parece oír música del cielo; y lloro cuando veo algún animalito herido.

En fin, querido tío, hay que tener la gran confianza que tengo yo con usted para contarle estas muestras de sentimientos, propios de un niño, con que me encuentro estos días. Quiero hacerle ver con ellos que necesito volver a mi antigua vida de paz y a mis estudios; tengo que dar a mi alma el alimento sano y bueno que debe tener y encontrar de nuevo mi camino.

14 de abril
Sigo haciendo la misma vida de siempre pues mi padre aún no quiere verme marchar.

El mayor gusto del que disfruto, después del de vivir con él, es la amistad y conversación con el señor vicario, con quien suelo dar largos paseos por los alrededores. Imposible parece que un hombre de su edad, que debe de tener muy cerca de ochenta años, sea tan fuerte y camine tanto. Antes me canso yo que él y no queda lugar por aquí cerca adonde no lleguemos.

El señor vicario me está haciendo descubrir lo que es ser un buen sacerdote. A veces le he considerado hombre de poca cultura, pero ¡cuánto más vale este hombre lleno de buenos deseos, tan cariñoso, inocente y comprensivo, que cualquiera que haya leído muchos libros y no tenga una fe* tan sencilla y pura!

Hablamos a menudo de mi futuro y de mis estudios, lo cual interesa mucho al señor vicario. Pero, después de dar mil vueltas, lo cierto es que la conversación viene a parar siempre en hablar de Pepita Jiménez. ¿De qué otra persona podría hablarme el señor vicario? Sus relaciones con el médico, con el escribano[19] o con los ricos campesinos, apenas dan motivo para tres palabras de conversación. Y como no le gusta referirse a la vida íntima de los demás, cosa que hacen todos por aquí, de nadie tiene que hablar sino de esta mujer, a quien visita a menudo.

Tiene con ella largas conversaciones. No sé qué libros habrá leído Pepita Jiménez, pero de lo que cuenta el señor vicario se comprende que tiene un espíritu abierto y curioso. Presenta al señor vicario muchos problemas difíciles de resolver y le deja con grandes dudas pero agradablemente inquieto. Porque este hombre, educado a la antigua, tiene pese a ello la inteligencia abierta a toda luz de verdad. Los problemas y cuestiones que Pepita le presenta le abren nuevos caminos que él no imaginaba; y, aunque difíciles y complejos, le atraen y le gustan.

Sabe el padre vicario que esto tiene mucho peligro, y que él y Pepita corren el riesgo de llegar a ideas contrarias a nuestra fe; pero se queda tranquilo porque conoce su religión* tan bien como sus propias manos. Además, tiene confianza en que Dios le ayudará y da por seguro que Pepita seguirá sus consejos y no perderá el buen camino.

Por lo que cuenta el padre vicario, creo que en el alma de Pepita Jiménez, en medio de su calma, existe un fuerte dolor; un deseo de amor puro que choca con su vida pasada. Pepita amó a don Gumersindo como a su compañero, como al hombre a quien todo se lo debe, pero tiene vergüenza al recordar que don Gumersindo fue su marido. En su amor a la Virgen* se descubre ese sentimiento de dolor por el recuerdo de su matrimonio. Hasta en su amor al niño

Jesús, existe un amor de madre sin objeto, un amor de madre que busca ese objeto en un ser nacido de forma tan pura y limpia como Jesús. Le aseguro a usted que no sé qué pensar de todas estas cosas extrañas. ¡Conozco tan poco lo que son las mujeres! Lo que me cuenta el padre vicario me sorprende, y aunque entienda que Pepita es buena y no mala, a veces temo por mi padre. Con los cincuenta y cinco años que tiene, creo que está enamorado; y Pepita, buena por naturaleza, puede hacerle sufrir sin pensarlo ni quererlo.

Pues ¿quién sabe, me digo yo a veces, si a pesar de las buenas obras de Pepita, de su vida retirada, y de sus oraciones, no hay en ella un atractivo humano poco normal y peligroso? Porque las buenas obras de Pepita pueden explicar el cariño que hacia ella siente el padre vicario; pero no explican el poder que esta mujer tiene sobre él y que hace que el buen hombre piense y hable sólo de ella.

El mismo poder que tiene Pepita sobre un hombre de tan poca fe como mi padre y tan poco dado a los sentimientos, tiene en verdad mucho de raro.

Sus buenas obras tampoco explican del todo el respeto y el cariño que tiene por ella toda esta gente de campo. Los niños pequeños se acercan a verla las pocas veces que sale a la calle y quieren besarle las manos; las muchachas le sonríen y la saludan con amor y los hombres todos se quitan el sombrero a su paso con natural simpatía.

Veo que, sin darme cuenta, estoy cayendo en el mismo defecto del que tanto acuso al padre vicario, y que no le hablo a usted sino de Pepita Jiménez. Pero esto es natural. Aquí no se habla de otra cosa. Se diría que todo el lugar está lleno del espíritu de tan extraordinaria mujer.

Y sin embargo, estoy convencido de que ella no intenta atraer a los demás para alimentar su orgullo. Pepita Jiménez es natural y sencilla. No hay más que verla para creerlo así. Su sencilla manera de caminar, sus formas tan elegantes, su frente alta, la suave y pura luz de su mirada, todo se une y no se descubre nada que rompa ese conjunto perfecto.

¡Cuánto lamento haber venido por aquí y tener que quedarme tan largo tiempo! Hasta ahora, yo había pasado la vida en la casa de usted y en el Seminario; no había visto ni tratado más que a mis compañeros y maestros, y nada conocía del mundo sino por los libros. De pronto, aunque sea en un pueblo, me encuentro en medio del mundo, olvidando mis estudios y oraciones por mil objetos humanos.

20 de abril
Las últimas cartas de usted, queridísimo tío, han sido un agradable alimento para mi alma. Tan comprensivo como siempre, me llama la atención y me devuelve un poco de luz con sus consejos útiles y llenos de saber.

Es verdad: la prisa con la que quiero llegar a mi gran objetivo merece ser condenada. Quiero alcanzar el fin sin poner los medios; quiero llegar al final de la jornada sin andar antes paso a paso el duro camino. Y quiero llegar al trato íntimo con Dios sin poner de mi parte todo el trabajo necesario para merecerlo. Hay mucho orgullo en mí, y debo intentar ser más pequeño y débil ante mis propios ojos, para que el espíritu del mal no me derribe.

No creo, a pesar de todo, como usted me avisa, que sea tan fácil para mí una fea y no pensada caída*. No tengo mucha confianza en mí; pero sí tengo confianza en el amor de Dios para que algo así no me suceda.

Sin embargo, razón tiene usted en aconsejarme que no me ate mucho en mi amistad con Pepita Jiménez; pero yo estoy bastante lejos de estar atado con ella.

Sé muy bien que los santos*, que tienen que servirnos de ejemplo, deben dar todo su amor a Dios y que sólo como amigos pueden atarse a otros hombres y mujeres. No crea usted, pues, que yo me considere tan fuerte como para no temer el peligro evidente de estar cerca de una mujer tan hermosa.

Por eso, lleno de un gran respeto a Dios, y sabiendo que puedo ser tan débil como cualquier hombre, no olvidaré sus prudentes consejos. Rezaré* con atención mis oraciones, trabajaré y estudiaré en el conocimiento de Dios para odiar las cosas humanas en lo que tienen de malas.

Pero le aseguro a usted que, hasta ahora, nada encuentro en mi interior que me haga temer lo que usted teme.

Si en mis cartas anteriores hablo tanto y tan bien de Pepita Jiménez, culpa es de mi padre y del señor vicario y no mía; porque al principio, como usted recordará, yo estaba en contra de esta mujer y, sin razón, dudaba de ella.

En relación al atractivo y belleza de Pepita, crea usted que lo he considerado todo con pensamiento limpio y puro. Y aunque me cueste decirlo y a usted le duela un poco, le confesaré lo siguiente: si algo ha manchado la manera pura e inocente en que yo miraba a Pepita, han sido precisamente las dudas de usted, que casi me han llevado a dudar de mí mismo.

Pero no: ¿Qué he mirado y qué he celebrado yo en Pepita que no sea la perfección de toda obra de Arte? ¿Quién puede decir que no sienta hacia ella sino el cariño propio de un amigo?

Por otra parte, querido tío, yo tengo que vivir en el mundo y ver a las personas, tal y como son. Usted me ha dicho mil veces que me quiere en la vida activa[20], comunicando la ley de Dios y llevándola por el mundo. Y si esto es así, ¿cómo no ver a Pepita Jiménez? ¿Cerrando los ojos cuando me hable para no ver los suyos, tan hermosos? ¡Sería ponerme en ridículo!

Así pues, no lo dude usted, querido tío: yo veo en Pepita Jiménez una hermosa obra de Dios, y por Dios la amo como a una hermana. No tema algo que yo no temo.

Además, ¿qué plan puede tener Pepita respecto a un hombre que va a ser sacerdote dentro de dos o tres meses? Ella, que ha dejado de lado a tantos, ¿por qué iba a amarme a mí? Mucho me conozco y sé que no puedo despertar pasiones. Dicen que no soy feo, pero soy poco elegante y no muy divertido; parezco lo que soy: un estudiante sencillo.

¿Qué valgo yo al lado de los elegantes jóvenes que han pretendido a Pepita, que montan[21] muy bien a caballo y son alegres en la conversación y excelentes en todos los ejercicios del cuerpo? Si Pepita no ha mirado todo esto, ¿cómo podría fijarse ahora en mí? ¿Cómo podría tener ni la menor idea de hacerme dejar mi vocación? No, no es posible. Yo creo buena a Pepita, y a mí me considero de muy poco valor. No veo yo, quiero decir, que yo pueda despertar en ella un sentimiento de amor. Sólo podría pretender ser su amigo y que me ame como tal.

Perdóneme usted si me defiendo con tanto calor de aquello de lo que parece acusarme en su carta.

Yo no me quejo de estos temores[22] suyos; usted me da buenos consejos, que yo acepto y pienso seguir. Y si a veces exagera usted la situación, sin duda se debe al interés que por mí se toma y que yo de todo corazón le agradezco.

4 de mayo
Es extraño que en tantos días yo no haya tenido tiempo para escribirle a usted; pero tal es la verdad. Mi padre no me deja parar y las visitas roban todo mi tiempo.

En las grandes ciudades es fácil no recibir a nadie y encontrar un rincón donde estar solo. En un pueblo de Andalucía, y más siendo el hijo del cacique, es necesario vivir en público. Hasta en mi propia habitación entran, sin que nadie pueda prohibirlo, el señor vicario, mi primo Currito, hijo de doña Casilda, y otros. Me despiertan si estoy dormido y me llevan a donde quieren.

El casino[23] no es aquí un lugar para divertirse sólo por la noche. Desde las once de la mañana está lleno de gente que charla, que lee por encima algún periódico para saber las noticias y que juega a mil juegos distintos, a veces durante diez o doce horas seguidas. En fin, que aquí parece que todos tienen tiempo de más y encuentran siempre la forma de entretenerse y divertirse.

Además de todo esto, las visitas, la necesidad de ir al campo a vigilar los trabajos, de comprobar todas las noches las cuentas con el administrador[24] y otras tantas ocupaciones que van unidas a una buena administración, llenan todas las horas del día de los grandes propietarios. En ocasiones extraordinarias, hay otros trabajos y maneras de divertirse, como la recogida del trigo, la uva o las aceitunas, o también las fiestas y los toros aquí o en los pueblos de los alrededores.

En fin, la vida en este lugar tiene cierto atractivo y comprendo que pueda ser muy descansada y dulce para quien no quiera nada más.

Su nueva y más reciente carta de usted me ha preocupado un poco. Observo que insiste usted, querido tío, en sus temores, y no sé qué contestar para justificarme sino lo que ya he contestado.

Dice usted que, a veces, la mejor manera de ganar una guerra es escapar de ella. No seré yo quien niegue esta gran verdad. Pero bien sabe usted que escaparme no depende de mí. Mi padre no quiere que me vaya y me obliga a quedarme a pesar mío; tengo que obedecerle. Necesito, pues, luchar con otros medios.

Sin embargo, para que usted se quede tranquilo, repetiré que la lucha apenas está comenzada; que usted ve más peligro del que realmente hay.

No parece en absoluto que Pepita Jiménez me quiera. Y aunque así fuera, sería un amor muy distinto al de esas mujeres, sin religión ni buenas costumbres, de que está llena la historia y que provocaban incendios de amor. Confieso inocentemente que, en lo que se refiere a la belleza, Pepita Jiménez puede compararse con la más hermosa de esas mujeres, pero ella es una señora, bien educada y pura en sus intenciones. Además, yo ni soy hermoso ni puedo despertar pasiones.

Otro punto toca usted en su carta que me anima y alegra muchísimo. Condena usted como debe el exceso de mis sentimientos hacia las cosas humanas; pero también reconoce y felicita en mí la intención de no caer más en esos sentimientos y de darle a mi mente la fuerza que necesita para elevarse a Dios. Sí, tiene usted razón en tener confianza en mí y en esperar que no me perderé. Pero si me pierdo, los enemigos del alma no entrarán por sorpresa, sino después de una dura y terrible guerra.

En estos últimos días he tenido ocasión de utilizar muchísimo esa fuerza y de hacer sufrir duramente a mi amor propio.

Mi padre quiso agradecer a Pepita el paseo a la huerta y a su vez la invitó a visitar sus tierras del Pozo de la Solana. La excursión fue el 22 de abril. No podré olvidarme de esta fecha.

El Pozo de la Solana está a unos once kilómetros de este lugar y no se puede llegar allí sino a caballo. Yo, como jamás he aprendido a montar a caballo, he acompañado a mi padre en todas las anteriores excursiones en una mula muy tranquila. Y en ella fui también a este paseo.

Mi padre, el escribano y mi primo Currito iban a caballo. Mi tía Casilda, que pesa sus buenos kilos, en una enorme mula y el señor vicario en otra, tranquila y lenta como la mía.

Pepita Jiménez, de la que yo pensaba que vendría también en mula, me sorprendió apareciendo en un caballo muy vivo y ligero, vestida para la ocasión y montando con mucho arte.

Me alegré de ver a Pepita tan elegante, pero empezó a hacerme sufrir el ridículo espectáculo que yo daba al lado de la tía Casilda y del padre vicario. Además, me pareció que Pepita me miraba con lástima al ver el aire triste que yo debía de tener montado sobre mi mula. Por su parte, mi primo Currito empezó enseguida a burlarse de mí y a molestarme.

Felicíteme usted por mi enorme paciencia. Todo lo soporté con buen humor y pronto hasta las bromas de Currito se acabaron, cuando se dio cuenta de la poca importancia que les daba yo. Pero ¡cuánto sufrí por dentro!

El camino hacia el Pozo de la Solana es maravilloso, pero iba tan poco a gusto que no logré disfrutar de él. Cuando por fin llegamos y me bajé de la mula, se me quitó un gran peso de encima.

Ya a pie, visitamos las tierras de mi padre, que son muy grandes y de una gran belleza. Hay grandes campos de uvas y aceitunas y, también, un bosque de árboles de los más altos que quedan en Andalucía. Mil plantas de fuertes olores crecen allí de un modo natural y es difícil imaginar nada más tranquilo que esos lugares.

Andando por aquellos bosques, hubo un momento en el que, sin saber cómo, Pepita y yo nos encontramos solos; los demás se habían quedado atrás. Entonces me pareció que todo mi cuerpo temblaba. Era la primera vez que me veía a solas[25] con aquella mujer.

No temo celebrar aquí una vez más su belleza. En aquellos momentos me pareció aún más hermosa. Ya sé que algunos santos recomiendan pensar que esa belleza no dura y que se estropea con los años y las enfermedades. Creen que así evitamos caer en manos de la pasión. Pero la verdad es que yo no pienso igual, al contrario: la belleza física puede desaparecer, es cierto, pero su idea dura para siempre. Así, la belleza de esta mujer desaparecerá con los años; pero ¿quién destruirá la belleza misma? Conocida por mí hoy, ¿no vivirá así en mi alma más allá de los años e incluso de la muerte?

Esto iba pensando yo mientras caminaba al lado de Pepita. Al mismo tiempo quería y no quería que llegasen los otros. Me alegraba y también me preocupaba estar solo con ella.

La voz de Pepita rompió el silencio y, sacándome de mis pensamientos, dijo:

—¡Qué callado y qué triste está usted, señor don Luis! Me duele pensar que tal vez por culpa mía, en parte al menos, su padre le da a usted un mal rato al traerle a estos lugares y sacarle de sus oraciones y estudios.

Yo no sé qué contesté a esto. Alguna tontería seguramente, porque estaba nervioso y no quería decir cosas demasiado agradables, pero tampoco contestar de un modo seco.

Ella continuó:

—Perdóneme si me equivoco, pero creo que, además de verse usted separado hoy de sus ocupaciones preferidas, hay otra cosa que le molesta.

—¿Qué es esa otra cosa —dije yo—, pues usted lo descubre todo o cree descubrirlo?

—Ese algo más —respondió Pepita— no es sentimiento propio de quien va a ser pronto sacerdote, pero sí lo es de un joven de veintidós años.

Al oír esto sentí que la sangre me subía a la cara y que ésta me quemaba. Creí que Pepita iba a decirme que sabía que ella me gustaba. Entonces, mi ser tímido se convirtió en orgulloso y la miré de arriba abajo. Algo de ridículo debió de existir en mi mirada, pero o Pepita no se dio cuenta o no quiso hacerlo, y dijo del modo más sencillo:

—No se moleste usted porque yo le descubra alguna falta. Ésta que he observado me parece pequeña. Usted está molesto por las bromas de Currito y por haber venido montado en una mula como el señor vicario, con sus ochenta años. Un joven de su edad y clase social debería montar un buen caballo. La culpa es del señor deán, que no ha pensado en que usted aprenda a montar. Andar a caballo no es contrario a la vida que usted piensa seguir, y yo creo que su padre debería en pocos días enseñarle.

Ésta y otras razones más utilizó Pepita para insistir en que yo aprendiese a montar a caballo. Quedé tan convencido de lo útil que es para un sacerdote en tierras lejanas que le prometí aprender, tomando a mi padre por maestro.

–En la primera nueva salida que hagamos –le dije–, iré en el mejor caballo de mi padre.

–Mucho me alegrará –respondió Pepita con una sonrisa muy dulce.

En ese momento llegaron todos al lugar en que estábamos y yo me alegré porque temía no poder mantener la conversación por mi poca o ninguna práctica en hablar con mujeres.

Después del paseo, y sentados cerca de un pequeño río, nos sirvieron los criados una abundante merienda. La conversación fue interesante y muy animada. Mi primo Currito volvió a hacerme bromas sobre mi mula. Esta vez contesté yo también con bromas, pero no dije que tenía la intención de aprender a montar a caballo. Pepita, aunque no nos habíamos puesto de acuerdo, pensó sin duda que importaba el silencio para sorprender luego, y nada dijo tampoco de nuestra conversación. De aquí surgió, natural y sencillamente, un secreto entre los dos, y eso me produjo un extraño efecto.

Nada más ocurrió aquel día que merezca contarse.

Por la tarde volvimos al pueblo como habíamos venido. Yo, sin embargo, en mi mula tranquila y al lado de la tía Casilda, no lo pasé tan mal como a la ida. Durante todo el viaje, y mientras escuchaba las historias de la tía, me dejé llevar por vagas y agradables imaginaciones.

Como nada de lo que en mi alma pase debe ser un secreto para usted, confieso que Pepita era el centro de estas imaginaciones.

El paseo a solas con Pepita se convertía en mi mente en algo maravilloso. Y a pesar de que no había ocurrido nada que no fuese natural, algún mal espíritu me inspiraba tonterías sobre aquello.

Aquella noche dije a mi padre que quería aprender a montar a caballo. No quise ocultarle que Pepita me empujaba a ello. Mi padre tuvo una alegría extraordinaria. Me abrazó, me besó y me dijo que ya no era usted solo mi maestro; él también iba a tener el gusto de enseñarme algo. Me aseguró, por último, que en dos o tres semanas sería el hombre que mejor montara a caballo en toda Andalucía.

No sé qué pensará usted de este arte de montar a caballo que estoy aprendiendo; pero imagino que no lo considerará nada malo.

¡Si viera usted qué contento está mi padre y cómo se alegra enseñándome! Desde el día siguiente al del paseo, doy dos clases por día. La primera semana fueron en el patio de la casa. Pero ahora ya salimos al campo, aunque tratando de que nadie nos vea. Mi padre no quiere que me muestre en público hasta que cause sorpresa por mi elegancia. Si su orgullo de padre no le lleva a engaño, esto será muy pronto porque aprendo fácilmente.

—¡Bien se ve que eres mi hijo! —afirma mi padre con alegría cuando ve qué rápido aprendo.

Lo malo es que mi padre le ha cogido gusto a su oficio de maestro y me propone otros mil estudios no muy propios para un sacerdote. Así, se acuerda de sus años jóvenes y de cuando fue militar, y dice que va a buscar sus espadas[26] y a enseñarme a luchar con ellas.

También quiere enseñarme a manejar el cuchillo, cosa que, al parecer, él hace muy bien. Según piensa mi padre, es hasta necesario que un sacerdote aprenda todas estas cosas porque allí donde la palabra de Dios no llega, otras armas sirven...

En fin, ya se imaginará usted lo que yo contesto a estas ideas de mi padre.

Ayer fue día de fiesta y el pueblo estuvo muy animado. Por la noche fuimos a casa de Pepita. La reunión continuó hasta las doce y hubo refrescos y dulces.

Desde que volvió la primavera, parece que Pepita se ha olvidado de su retiro y de la soledad[27] en que vivía antes, de lo cual mi padre está muy contento. De aquí en adelante Pepita le recibirá todas las noches, y mi padre, encantado con la idea, quiere que yo participe.

Pepita ha dejado sus ropas negras y está ahora más elegante con trajes ligeros y casi de verano, aunque siempre muy sencillos.

Tengo la esperanza de que mi padre me hará quedar aquí solamente durante este mes. En junio nos iremos juntos a la ciudad, y ya verá usted cómo, libre de Pepita, tendré el gusto de darle un abrazo a usted y de lograr la alegría de ser sacerdote.

7 de mayo

Todas las noches, de nueve a doce, tenemos, como ya indiqué a usted, reunión en casa de Pepita. Van cuatro o cinco señores y otras tantas señoritas, contando con la tía Casilda, y también seis o siete jóvenes, que suelen divertirse con distintos fuegos. Como es natural, hay tres o cuatro parejas de novios.

La gente formal de estas reuniones es la de siempre: mi padre, el boticario[28], el médico, el escribano y, por supuesto, el señor vicario. Éstos suelen jugar a las cartas y Pepita juega con ellos.

Yo no sé nunca de qué lado ponerme. Si me voy con la gente joven, molesto porque soy demasiado serio. Y si me voy con los mayores, tampoco tengo nada que hacer porque yo no sé jugar a las cartas.

Desde luego, lo mejor sería que no fuese a las reuniones; pero mi padre se empeña en que vaya porque, si no, según opina él, me pondría en ridículo. Así que también me va a enseñar a jugar a las cartas para poder hacerlo en casa de Pepita.

Por su parte, mi padre disfruta mucho con estas reuniones y lo curioso es que es otro hombre cuando está en casa de Pepita. Ni por casualidad se le escapa una sola frase, una sola broma de esas que tanto usa en otros lugares. Cada día parece más enamorado de ella y con mayores esperanzas de éxito.

Sigue mi padre contentísimo de tenerme como alumno suyo. Dentro de cuatro o cinco días asegura que ya podré montar a *Lucero*, un caballo negro que corre y salta muy bien.

—Quien echa a *Lucero* los pantalones encima —dice mi padre—, está seguro de poder montar cualquier otro caballo; y tú lo harás dentro de poco.

Aunque me paso todo el día en el campo a caballo, en el casino y en las reuniones en casa de Pepita, robo algunas horas de sueño y pienso en mí para hacer examen de conciencia. La idea de Pepita está siempre en mi alma. ¿Será esto amor?, me pregunto.

Intento olvidar a Pepita y pensar sólo en Dios, pero la lucha no es igual: en efecto, Pepita se me aparece de una forma concreta que puedo ver y casi tocar, mientras que Dios no tiene cara, no tiene cuerpo ni nada en que fijar los ojos de mi mente. Pepita aparece en la página del libro que intento leer, aparece en mis pensamientos si intento rezar; entre Dios y yo siempre aparece Pepita.

No creo, sin embargo, estar herido de amor. Y aunque lo estuviera, yo lucharía y ganaría. Ver todos los días a esa mujer y oír hablar tanto y tan bien de ella es lo que distrae mi espíritu. Pero no, yo no amo a Pepita todavía. Me iré y la olvidaré.

Pediré a Dios que me ayude y que no quite sus ojos de mí y, mientras tenga que quedarme aquí, lucharé con valor.

12 de mayo
Antes de lo que yo pensaba, querido tío, mi padre quiso que montase a *Lucero*. Ayer, a las seis de la mañana, monté este hermoso caballo y me fui al campo con mi padre.

Lo hice tan bien, fui tan seguro y elegante que mi padre quiso que todos me vieran. Después de descansar en el campo, a eso de las once, volvimos al pueblo y entramos por donde más gente había, metiendo mucho ruido y levantando el polvo de las calles. No hay que decir que también pasamos por la de Pepita, quien estaba detrás de una de las ventanas bajas de la casa.

Cuando Pepita oyó el ruido, levantó los ojos y nos vio. Dejó lo que estaba haciendo y se acercó a la ventana a mirarnos. En ese momento, *Lucero* empezó a ponerse nervioso, levantando las patas delanteras e intentando hacerme caer. Yo mantuve la calma, mostrándole quién mandaba. *Lucero*, que casi se había puesto de pie sobre las patas de atrás, comprendió que yo era el más fuerte y que debía obedecerme: bajó las patas y se quedó quieto.

Las muchas personas que se habían reunido a mi alrededor, mostraron su entusiasmo y su sorpresa. Mi padre gritó:

—¡Bien por los jóvenes duros y valientes!

Mi éxito fue muy grande, aunque no propio de mi carácter y sentí vergüenza. Debí de ponerme muy colorado y más aún cuando observé que Pepita me felicitaba y me saludaba cariñosa, sonriendo y moviendo sus hermosas manos.

En fin, he ganado el título de hombre fuerte. Mi padre no puede estar más feliz. Asegura que está acabando mi educación; que usted le ha enviado un libro de mucha cultura, pero en sucio y sin terminar, y que él está poniéndome en limpio y escribiendo las últimas notas.

El juego de cartas, que forma parte de estas últimas notas, también está ya aprendido. Dos noches he jugado con Pepita.

La noche que siguió a mi paseo en público con *Lucero*, Pepita me recibió con entusiasmo, e hizo lo que nunca se había atrevido a hacer conmigo: me dio la mano. Yo tomé esa mano tan agradable y suave que Pepita cariñosamente me ofrecía. En ese momento conocí mejor lo que hasta entonces no conocía sino por los ojos.

Según la costumbre, dada ya la mano una vez, la debe uno dar siempre, cuando llega y cuando se despide. Espero que en esta prueba de amistad, si se realiza con pensamientos puros, no verá usted nada malo ni peligroso.

Como mi padre tiene que estar muchas noches con el administrador y con otra gente del campo, yo ocupo su lugar en el juego de cartas al lado de Pepita. El señor vicario y el escribano son casi siempre los otros dos jugadores[29]. Muy a menudo acompañamos el juego con agradables conversaciones, en todas las cuales demuestra Pepita esa gran inteligencia que no deja de sorprenderme.

No hallo motivo suficiente para cambiar de opinión respecto a lo que ya he dicho a usted y no hay razón para pensar que Pepita siente algo por mí. Me trata con el cariño natural que se debe tener al hijo de quien puede llegar a ser su marido; también guarda la distancia que inspira un hombre que, aunque no es aún sacerdote, va a serlo pronto.

Quiero y debo decirle, sin embargo, ya que todo debo contarle a usted, algo que he sentido dos o tres veces; algo que quizás sea solamente una ilusión, pero que he creído observar.

Ya le he dicho a usted en otra carta que los verdes ojos de Pepita tienen una manera de mirar tranquila y pura. Se diría que ella no conoce su poder y piensa que sólo sirven para ver. No hay en ellos ni pasión ni fuego y su mirada es como la clara luz de la luna.

Pues bien, a pesar de esto, yo he creído ver dos o tres veces un relámpago, un fuego de pasión en aquellos ojos cuando se fijaban en mí. ¿Será un orgullo ridículo lo que me produce estos sentimientos?

Me parece que sí; quiero creer y creo que sí. Esta sensación ha sido siempre tan rápida que estoy convencido de que sólo ha sido una ilusión, un producto de mi mente. Me preocupa, sin embargo, el pensamiento de esa mirada extraña y llena de fuego.

Mi padre dice que no son los hombres, sino las mujeres las primeras en mostrar sus sentimientos, pero sin responsabilidad, y pudiendo negar y volverse atrás cuando quieren. Según mi padre, la mujer declara esos sentimientos por medio de rápidas miradas en

Yo he creído ver dos o tres veces un relámpago, un fuego de pasión en aquellos ojos cuando se fijaban en mí. ¿Será un orgullo ridículo lo que me produce estos sentimientos?

las que el hombre a quien van dirigidas adivina, más que lee, el significado. Así descubre que es amado y, cuando se atreve a hablar, va ya sobre seguro y con total confianza en una respuesta positiva.

¿Quién sabe si son estas ideas de mi padre las que me han calentado la cabeza y me han hecho ver lo que no hay? De todos modos, ¿sería tan imposible que lo hubiera? Y si fuese cierto, si la mujer a quien mi padre pretende se enamorase de mí, ¿no sería terrible mi situación?

Lo que sí empieza a sorprenderme es la plena seguridad de mi padre. Perdone usted y pida a Dios que perdone mi orgullo, pero esa seguridad a veces me duele: pues qué, me digo, ¿soy tan poca cosa para que mi padre no tema que, sin querer, pueda yo enamorar a Pepita?

Tampoco hay medio de que yo pueda avisar a mi padre del peligro que no ve. ¿Qué podría yo decirle? ¿Que creo que una o dos veces Pepita me ha mirado de otra manera que como suele mirar? No, no tengo la menor prueba de que Pepita sienta por mí más que amistad.

¿Debería decirle que yo soy quien está enamorado de Pepita? Esto no es verdad; y sobre todo, y aunque lo fuese, ¿cómo declarar tal cosa a mi padre?

Lo mejor es callarme; luchar en silencio si resulta necesario, y tratar de abandonar cuanto antes este pueblo para volver con usted.

19 de mayo

Gracias a Dios y a usted por las nuevas cartas y nuevos consejos que me envía. Hoy los necesito más que nunca.

Es cierto; ya no puedo negárselo a usted. Yo no debí poner los ojos con tanto placer en esta mujer peligrosísima.

No me considero perdido; pero estoy muy preocupado.

Como el animal con sed busca la fuente de las aguas, así mi alma busca a Dios todavía, y a Dios se vuelve para que le dé valor y descanso.

No era un sueño, no estaba loco; era realidad. Ella me mira a veces con la mirada de fuego de que le he hablado a usted. Sus ojos tienen un atractivo enorme: me atraen, me enamoran, y se fijan en ellos los míos. Mis ojos deben tener entonces tanto fuego como los suyos. Y al mirarnos así, hasta de Dios me olvido.

Cuando vuelvo a casa, cuando me quedo solo en mi cuarto, en el silencio de la noche, comprendo que mi situación no puede ser más horrible y me propongo evitar el peligro, pero luego no lo consigo.

Me prometo a mí mismo hacerme pasar por enfermo, buscar cualquier disculpa para no ir a casa de Pepita a la noche siguiente, y sin embargo voy.

Mi padre, lleno de confianza, sin imaginar lo que pasa en mi alma, me dice cuando llega la hora:

—Vete a la reunión de Pepita. Yo iré más tarde, cuando termine con el administrador.

Yo no hallo la disculpa y en vez de contestar: «No puedo ir», tomo el sombrero y voy.

Al entrar, Pepita y yo nos damos la mano y al dárnosla todo en mí cambia. Mi corazón se llena de fuego y ya no pienso más que en ella. Tal vez soy yo mismo quien provoca las miradas si tardan en llegar. La miro con loco exceso, llevado por una fuerza contra la que no puedo luchar, y con cada mirada creo descubrir en ella nuevas bellezas: su elegante cuello, sus orejas tan pequeñas, su pelo suave...

Entro en su casa, casi sin quererlo, como llamado por una fuerza que puede más que yo; y en cuanto lo hago, caigo bajo el poder de su belleza.

Sus palabras me parecen música y hasta imagino sentir el suave olor de su limpio cuerpo.

No sé cómo consigo jugar a las cartas ni hablar correctamente, porque en esos momentos sólo puedo pensar en ella. Desde el día en que vi a Pepita en el Pozo de la Solana, no he vuelto a verla a solas. Nada le he dicho ni me ha dicho ella, y, sin embargo, nos lo hemos dicho todo.

Cuando estoy solo por la noche en mi habitación y pienso fríamente en todo esto, veo abierto a mis pies el agujero negro en el que lentamente voy cayendo.

Me recomienda usted que piense en la muerte; no en la de esta mujer, sino en la mía. Me recomienda usted que piense que nada dura en esta vida y que otra nos espera más allá. Pero ¿cómo temer a la muerte cuando espero morir? El amor y la muerte son hermanos. Una voz íntima me dice que todo mi ser debe darse y perderse por el ser amado. Quisiera desaparecer en la luz de sus ojos, quedarme muerto mirándola aunque me costara el cielo.

No, sólo otro amor puede aún salvarme; el amor a Dios, que trato de elevar por encima del que Pepita en mí despierta.

Mi vida, desde hace algunos días, es una lucha constante. No sé cómo el mal que sufro no me sale a la cara. Apenas me alimento, apenas duermo.

No me queda más solución que escapar de aquí. Si en lo que falta para terminar el mes mi padre no me da su permiso y no viene conmigo, me escapo sin decir nada.

23 de mayo
Soy un cobarde y todo en mí es pura mentira; soy lo peor que existe sobre esta tierra.

Vergüenza tengo de escribirle a usted, y sin embargo le escribo. Quiero contárselo todo.

No logro ser fuerte. Lejos de dejar de ir a casa de Pepita, voy más temprano todas las noches. Se diría que algo me agarra de los pies y me lleva sin que yo quiera.

Por suerte, no encuentro sola nunca a Pepita. No quisiera encontrarla sola. Casi siempre llega antes el excelente padre vicario, que considera nuestra amistad como el resultado de nuestros parecidos gustos y sentimientos religiosos.

El desarrollo de mi mal es rápido. Cuando Pepita y yo nos damos la mano, no es ya como al principio. Por ellas nos comunicamos todo el fuego de nuestros corazones. Ella debe de sentir circular mi vida por sus venas, como yo siento en las mías la suya.

Si estoy cerca de ella, la amo; si estoy lejos, la odio. Cuando la veo, me enamora, y dulcemente me convierte en su criado.

Todas las noches salgo de su casa diciendo: «Ésta será la última noche que vuelvo aquí», y vuelvo a la noche siguiente.

Cuando habla y estoy a su lado, mi alma queda como colgada de su boca. A veces, jugando a las cartas, se han tocado por casualidad nuestras rodillas, y he sentido que todo mi cuerpo temblaba.

Sáqueme usted de aquí. Escriba usted a mi padre para que me dé permiso para irme. Si es necesario, cuénteselo todo. ¡Ayúdeme usted! ¡Sea usted mi libertad!

30 de mayo

Dios me ha dado fuerzas para luchar y he luchado. Hace días que no pongo los pies en casa de Pepita.

Casi no tengo que decir que estoy enfermo, porque realmente lo estoy. Cada vez estoy más delgado y pálido; y mi padre, lleno de cariño, me pregunta qué me pasa y me muestra el más vivo interés.

Violentamente llamo a las puertas del cielo para que se me abran. Con medicinas amargas me alimenta Dios para probarme; pero he pasado y paso muchas noches sin dormir entregado a la oración* y un dulce pensamiento ha venido por fin a mi mente. He vuelto a recordar a Dios y su amor ha llamado a mi puerta. Y hay un poderoso motivo para amar a Dios y no amarla a ella.

Pues parece que hay dos tipos muy distintos de amores. Amar a Dios me parece negarse a sí mismo; por Él amamos todo lo que nos rodea pero nada queremos para nosotros mismos. Por el contrario, el amor que me inspira Pepita es un amor que me separa de todo menos de mí mismo: la quiero toda para mí y yo todo para ella.

Con estos pensamientos intento odiar el amor de esta mujer; pero, como si tuviese yo dos mentes, pronto nace dentro de mí la idea contraria e intento unir locamente los dos amores. ¿Por qué no escapar de ella y seguir amándola sin dejar de ser un buen sacerdote? Puedo convertirla en una ilusión, en una idea pura que se pueda amar por sí misma.

Pero esto me hace caer en un horrible pensamiento. Para lograr hacer de Pepita una idea y que el amor a ella no sea enemigo del amor a Dios, la imagino muerta. Entonces la lloro, me resulta horrible mi crimen y con el calor de mi corazón le devuelvo la vida. Otra vez la veo real y en toda su belleza y otra vez la quiero para mí.

Entonces pido a Dios desde el fondo de mi corazón que no me abandone, que venga en mi ayuda, porque mi alma es débil. Y así me siento fuerte de nuevo. Dios me protege.

6 de junio
La criada de Pepita, Antoñona, lista y alegre como pocas, se toma la mayor confianza con todas las personas de este pueblo. Entra y sale de las casas como si fueran la suya y trata a todos los jóvenes como si fueran sus hijos.

A mí me habla de tú como a los otros y viene a verme y entra en mi cuarto sin permiso. Ya me ha dicho varias veces que hago mal en no ir a ver a su señora.

Mi padre, sin darse cuenta de nada, insiste en que vuelva a las reuniones de Pepita. Anoche no pude ya negarme a sus continuos pedidos y fui muy temprano, cuando mi padre iba a hacer las cuentas con el administrador.

¡Ojalá no hubiera ido!
Pepita estaba sola. Al vernos, al saludarnos, nos pusimos los dos colorados. Nos dimos las manos tímidamente sin decirnos palabra. En la triste mirada de Pepita nada había de amor, sino de amistad.

Se había dado cuenta de mi lucha interior; adivinaba que el amor a Dios había sido más fuerte y que me había propuesto no amarla. No se atrevía a quejarse de mí; sabía que la razón estaba de mi parte. Sólo un suspiro, al escaparse de sus labios, dejó ver cuánto lo sentía.

Nuestras manos seguían unidas aún. Los dos en silencio. ¿Cómo decirle que yo no era para ella ni ella para mí; que era importante separarnos para siempre?

Sin embargo, aunque no se lo dije con palabras, mi mirada habló por mí y ella comprendió.

De pronto toda su expresión se hizo más triste y mostró su dolor; dos lágrimas[30] nacieron en sus ojos.

No sé lo que pasó en mí. Acerqué mis labios a su cara para beber sus lágrimas y se unieron nuestras bocas en un beso. Todo su cuerpo temblaba y yo la sostuve entre mis brazos.

Quiso el cielo que oyésemos los pasos y la tos del padre vicario, que llegaba, y nos separamos inmediatamente.

Volviendo en mí y reuniendo todas mis fuerzas, pude entonces decir en voz baja:

—¡El primero y el último!

Pasé toda aquella noche con una terrible preocupación, con una fiebre interior que me consumía. No sé cómo logré ocultarlo a los ojos de los demás.

Me retiré de casa de Pepita muy temprano y, ya en el silencio de mi cuarto, fue aún más amargo mi dolor. Ahora era doblemente cobarde: cobarde con Dios y con ella.

No merezco vivir.

11 de junio
Aún no es tarde para resolverlo todo. Pepita curará de este amor y olvidará que tan débiles fuimos.
Desde aquella noche no he vuelto a su casa. Antoñona tampoco viene por la mía.
A fuerza de insistir he logrado que mi padre me prometa que saldremos de aquí el 25, después del día de San Juan, que aquí se celebra con grandes fiestas.
Lejos de Pepita me siento más tranquilo y creo que, tal vez, este comienzo de amores haya sido una prueba de Dios.
En todas estas noches he rezado y he pensado mucho. El Señor ha hecho más claros mis pensamientos, ha llenado mi corazón de fuerza y me ha enseñado el camino. ¿Quién no olvidará por el amor de Dios todos los demás amores?
Sí, dejaré de pensar en esta mujer y mi alma quedará libre. Yo lucharé con la oración y pensaré en amar y servir sólo a Dios.

18 de junio
Ésta será la última carta que yo le escriba. El 25 saldré de aquí y pronto tendré el gusto de darle un abrazo.
Cerca de usted estaré mejor. Usted me dará las fuerzas que me faltan. Una terrible tormenta confunde mis sentimientos y lucha ahora en mi corazón.
Dos veces he vuelto a casa de Pepita. He estado seco y frío, como debía estar; pero ¡cuánto me ha costado!
Ayer me dijo mi padre que Pepita está enferma y que no recibe visitas. Enseguida pensé que su amor mal pagado podría ser la causa de su enfermedad.
¿Por qué la he mirado con las mismas miradas de fuego con que ella me miraba? ¿Por qué le he hecho creer que la quería? ¿Por qué mi boca buscó la suya y provocó este incendio?

Lo que ya fue no puede dejar de haber sido, pero puede y debe tener su medicina.

El 25, repito, me iré sin falta.

Antoñona acaba de entrar a verme. Escondí esta carta como si fuera malo escribirle a usted. Sólo un minuto ha estado aquí. Pero en tan corta visita me ha dicho todo lo que me merezco. Sus últimas palabras fueron:

—¡Anda, mal hombre, que has puesto enferma a la niña y con tus engaños la estás matando!

Dicho esto, la imprudente mujer se fue furiosa. No me he enfadado, Antoñona tiene razón y he hecho mucho mal.

¡Dios mío, haz que Pepita me olvide; haz, si es necesario, que ame a otro y sea con él feliz! ¿Puedo pedirte más?

Mi padre no sabe nada, no imagina nada. Más vale así.

Adiós. Pronto nos veremos y podremos darnos un fuerte abrazo.

¡Qué cambiado va usted a encontrarme! ¡Qué amargo dolor hallará en mi corazón! ¡Qué herida descubrirá en mi alma!

II

COSAS NO DICHAS

No hay más cartas de don Luis de Vargas que las que acabamos de leer. Nos quedaríamos, pues, sin saber cómo terminaron estos amores si alguien, muy enterado de todo, no hubiera escrito lo que sigue.

* * *

A nadie le resultó extraña la enfermedad de Pepita, ni menos pensó en buscarle una causa que sólo nosotros, ella, don Luis, el señor deán y la imprudente Antoñona sabemos hasta ahora.

Más extraño había parecido la vida alegre, las reuniones de cada noche y hasta los paseos por el campo de Pepita. Que volviese a su vida retirada era muy natural.

Su amor por don Luis, tan callado y tan profundo, se ocultó a todas las miradas. Nadie podía pensar que un futuro sacerdote se hubiera enamorado de la misma mujer que su padre y menos que hubiera conseguido lo que no había logrado el poderoso don Pedro de Vargas: ser amado por la hermosa, elegante y fría viudita.

Pepita no había dejado ver nada y sólo Antoñona, que pronto había descubierto la verdad, habló con ella. Pepita no pudo negar la verdad a aquella mujer que la había cuidado desde niña y que siempre conocía las alegrías y penas de su señora; así pudo Pepita abrir su corazón y compartir con alguien su dolor.

Por lo dicho se explican las visitas de Antoñona a don Luis, y de las que Pepita nada sabía; la buena mujer, preocupada por su niña, lo había decidido sola.

* * *

A los cinco días de la fecha de la última carta, empieza nuestra historia.

Eran las once de la mañana. Pepita estaba en una sala al lado de su dormitorio, donde nadie, excepto Antoñona, entraba nunca sin llamar a la puerta.

Pepita estaba sentada, casi acostada, en un sofá delante del que había una mesita con varios libros. Se acababa de levantar y vestía una sencilla ropa de verano. Su pelo rubio, mal peinado aún, parecía más hermoso al estar desordenado. Y su cara, algo pálida, parecía más bella con el mal que le robaba colores.

Pepita estaba nerviosa; esperaba a alguien.

Al fin llegó, y entró sin avisar la persona que esperaba, que era el padre vicario.

Después de los saludos de costumbre y sentado el padre vicario al lado de Pepita, comenzó la conversación.

* * *

—Me alegro, hija mía, de que me hayas llamado; pero sin que te hubieras molestado en llamarme, ya iba yo a venir a verte. ¡Qué pálida estás! ¿Qué sufres? ¿Tienes algo importante que decirme?

—¿No adivina usted mi enfermedad? ¿No descubre usted la causa por la que sufro?

El vicario miró a Pepita un poco asustado porque nada sabía y le llamaba la atención la pasión que ponía en su voz.

Pepita continuó:

—Padre mío, yo no debí llamarle a usted, sino ir a la iglesia para confesarle mis pecados*. Por desgracia, mi corazón se ha hecho duro y acepta como normal su pecado, y no he tenido fuerzas para hablar con el confesor*, sino con el amigo.

—¿Qué dices de pecados ni de corazón duro? ¿Estás loca? ¿Qué pecados pueden ser los tuyos, siendo tú tan buena?

—No, padre, yo soy mala. Le he estado mintiendo a usted, mintiéndome a mí misma, queriendo mentir a Dios.

—Vamos, cálmate, habla con orden y deja de decir tonterías.

—¿Y cómo no decirlas cuando unos amores, hijos del espíritu del mal, ocupan mi corazón?

—¿Cómo es eso, muchacha? ¡Qué cosas se te ocurren! ¿Estás enamorada quizás? Y si lo estás, ¿qué mal hay en ello? ¿No eres libre? Cásate, pues, y déjate de tonterías. Seguro estoy de que mi amigo don Pedro de Vargas ha logrado lo imposible. No veía yo el asunto tan maduro como estaba.

—Pero es que no estoy enamorada de don Pedro.

—¿Pues de quién entonces?

Con lágrimas en los ojos y casi al oído del buen anciano para que nadie más escuchase su confesión, Pepita dijo:

—Estoy enamorada de su hijo.

—¿De qué hijo? —preguntó el padre vicario, que aún no quería creerlo.

—¿De qué hijo va a ser? Estoy locamente enamorada de don Luis.

Una sorpresa llena de dolor se pintó en la cara del cariñoso sacerdote. Hubo un momento de silencio. Después dijo el vicario:

—Pero ése es un amor imposible. Don Luis no te amará.
—Me quiere —dijo Pepita sin poder esconder cierto orgullo. Aquí aumentó la sorpresa del padre vicario. Si su santo más querido hubiera caído a sus pies, no se hubiera sorprendido tanto. Miró a Pepita como dudando todavía de que aquello fuese cierto.
—¡Me quiere! —dijo otra vez Pepita, contestando a aquellas dudas en su mirada.
—¡Cómo sois las mujeres! ¡No perdonáis a nadie!
—Ya le he dicho que soy muy mala.
—Bueno, vamos, cálmate. Dios es bueno y comprensivo. Cuéntame lo que ha pasado.
—¿Qué puede haber pasado? Que le quiero, que le amo; que él me quiere también, aunque lucha por olvidar su amor y tal vez lo consiga. Y usted, sin saberlo, tiene mucha culpa de todo.
—¡Pues no faltaba más! ¿Cómo es eso de que tengo yo mucha culpa?
—Como es usted tan bueno, no ha hecho más que hablarme muy bien de don Luis, y supongo que a don Luis le habrá usted dicho de mí aún mejores cosas. ¿Qué otra cosa podía suceder? ¿Soy yo de piedra? ¿Tengo yo más de veinte años?
—Tienes razón. Soy un tonto. He ayudado mucho a esta obra del mal.

El padre vicario era tan bueno y tan sencillo que, realmente, sentía con dolor que toda la culpa era suya. Al verle tan triste, Pepita comprendió que sus palabras no eran justas y habló de esta forma:
—No se preocupe usted, padre mío; no es usted culpable. ¡Mire si soy mala! ¡Son mis pecados y, sin embargo, quiero hacer responsable al mejor de los hombres! No ha sido lo que me ha dicho usted de don Luis, sino mis ojos los que me han perdido. Yo soñaba con él, enamorado de mí, olvidando a Dios y dándome su alma, siendo mi dulce compañero.

—¡Ay, niña, niña! ¡Qué pena me da lo que oigo! ¡Quién lo hubiera podido imaginar!
—Pues hay más todavía —añadió Pepita—. Logré que don Luis me amase. Me lo declaraba con los ojos. Sí, su amor era tan profundo como el mío. Una vez, después de muchos días sin aparecer en esta casa, vino a verme y me halló sola. Al darle la mano lloré; sin hablar le di a entender mi dolor porque él prefería a mi amor otro amor más grande. Entonces no pudo evitarlo, acercó su boca para secar mis lágrimas y se unió con la mía. Si Dios no hubiera permitido que llegase usted en aquel momento, ¿qué hubiera sido de mí?
—¡Qué vergüenza, hija mía! ¡Qué vergüenza! —dijo el vicario.
Pepita se tapó la cara con las dos manos y empezó a llorar amargamente. Viendo las hermosas y blancas manos de Pepita y su belleza, el buen vicario comprendió, a pesar de sus ochenta años, el error de don Luis.
—¡Muchacha —dijo—, no exageres! ¡No me partas el corazón! Si don Luis se va pasado mañana, es que el bien ha ganado al mal, que se escapa de ti para buscar su verdadero camino. Haz tú lo mismo y Dios os perdonará.
—Bueno está eso —respondió Pepita—; buscar su verdadero camino... su perdón... ¡y matarme a mí antes! Su beso me convirtió en su criada, y ahora me abandona y me vende. ¡No, nunca lo permitiré!
Pepita se había puesto de pie, sus ojos herían como dos cuchillos. El vicario callaba y la miraba casi con miedo. Andaba por la sala a grandes pasos, enfadada, furiosa... Pero aquello no podía durar mucho y, finalmente, se dejó caer sobre el sofá, llorando más que antes.
—Pepita, niña —dijo cariñoso el vicario—, contrólate, no te hieras de ese modo. Piensa que él habrá luchado mucho para dejarte; que no hay engaño en él; que te quiere con toda su alma, pero que Dios y su deber[31] están antes. ¡Sé buena, sé valiente! Déjale marchar; quita de tu pecho el incendio de un mal amor; ámale sólo por el amor

de Dios. Hay además otras causas poderosas que no permitirían estos locos amores. Aunque tú no le ames, bien sabes que su padre te pretende. ¿Estará bien visto que padre e hijo se peleen? ¿No se enfadará el padre contra el hijo por amor tuyo? Mira qué terrible es todo esto, hija mía.

–¡Padre mío! ¡Qué bueno es usted! Sus palabras me dan el valor que me faltaba. Tiene razón: si don Luis ha podido ser valiente, yo lo seré también. Que se vaya. Ayer vino con su padre a despedirse y no les recibí. Hice bien. Ya no le veré más. Estos amores me han hecho mucho daño. Pero los olvidaré.

–¡Bien, muy bien! Así te quiero yo, fuerte, valiente.

Pepita, que ya no lloraba y que se había secado las lágrimas, dijo:

–Está bien, padre; yo me alegraré, casi me alegro ya de que se vaya. Y cuando esto suceda, ya verá usted cómo mi corazón vuelve a estar en paz.

–Así sea –dijo el padre vicario y, convencido de que había curado casi el mal de Pepita, se despidió de ella y se fue.

Pepita, que se había levantado para despedir al padre vicario, comenzó a llorar otra vez en cuanto se quedó sola. Cayó al suelo y así hubiera seguido largo tiempo, si no hubiera llegado Antoñona. La buena señora levantó a Pepita en sus brazos y la puso con mucho cuidado sobre el sofá como si de una joya se tratase.

–¿Qué dolores son éstos? –preguntó Antoñona–. Imagino que el tonto del vicario con sus amargas palabras te ha herido el alma.

Pepita seguía llorando y suspirando, sin contestar.

–¡Ea! Deja ya de llorar y dime lo que tienes. ¿Qué ha dicho el vicario?

–Nada me ha dicho que pueda ofenderme –contestó al fin Pepita.

Viendo luego que Antoñona esperaba con interés, Pepita habló de esta manera:

—El padre vicario me pide que llore mis pecados, que deje marchar en paz a don Luis y que le olvide. Yo he dicho que sí a todo. Pero mira, Antoñona, no puedo, es superior a mis fuerzas. Yo amo a don Luis, y esta razón es más poderosa que todas las del vicario. Y si él me ama, ¿por qué no deja todo y me busca? No sabía yo lo que era amor. Ahora lo sé: no hay nada más fuerte en la tierra y en el cielo. Dios me perdone..., es horrible lo que voy a decir, pero lo siento aquí, en el centro del pecho: yo por él vendería mi alma.

—¡Santo Dios! —gritó casi Antoñona.

—¡Es cierto, estoy loca, Dios me perdone..., no sé lo que digo!

—Sí, hija mía, ¡estás algo fuera de ti misma! Si yo estuviera en tu lugar, nada tendría contra el cielo, sino contra el idiota del estudiantillo, y le haría pagar por hacerme sufrir tanto. Ganas me dan de ir a buscarle y traerle aquí de una oreja para que te pida perdón.

—¡Qué dices, Antoñona! Veo que te vuelvo tan loca como yo lo estoy. No hay más solución que hacer lo que me aconseja el padre vicario. Lo haré aunque me cueste la vida. Y si muero por don Luis, él me amará y guardará mi amor en su corazón.

Antoñona sintió que se le saltaban las lágrimas.

—Caramba, niña —dijo—, vas a conseguir que me ponga a llorar. Cálmate, y no pienses en morirte. Veo que estás muy nerviosa. Te cerraré las ventanas, a ver si duermes. ¡Mal le vaya al tal don Luis, que tanto te hace suspirar!

Pepita había cerrado los ojos; estaba tranquila y en silencio. Antoñona le besó la frente con cariño y salió sin hacer ruido para dejarla dormir.

* * *

Mientras ocurrían estas cosas en casa de Pepita, no estaba más alegre ni tranquilo en la suya el señor don Luis de Vargas.

Don Luis había pasado solo toda la mañana entregado a sus tristes pensamientos, totalmente decidido a olvidar el amor de Pepita y a entregarse a Dios por completo. No crea que no amaba a la joven viuda. Pero, contra el amor de Pepita muchas cosas luchaban dentro de don Luis: el amor de Dios, el respeto a su padre, su llamada al sacerdocio y también algo de lo que ni don Luis se daba cuenta: el orgullo, el miedo a lo que la gente diría, el amor propio.

En este conflicto, el alma de don Luis se elevaba a veces por encima de las nubes y la pobre Pepita Jiménez quedaba allá muy lejos, y apenas si él la veía. Pero pronto caía otra vez y su alma volvía a tocar tierra y volvía a ver a Pepita, tan joven, tan enamorada. Pepita luchaba dentro de su corazón contra sus más profundas intenciones, y don Luis temía que éstas perdiesen la guerra.

* * *

Así sufría don Luis con estos pensamientos cuando entró Currito sin decir ni palabra.

Currito, que no consideraba gran cosa a su primo mientras no fue más que el «santo», le tenía por un ser extraordinario desde que le había visto montar tan bien a *Lucero*.

Don Luis se dejaba querer; es decir, obedecía a Currito en los asuntos de poca importancia. Y como para hombres como don Luis casi no hay asuntos importantes en la vida de cada día, Currito llevaba y traía a don Luis cuando y donde quería.

–¿Qué haces aquí solo como un tonto? –le dijo–. Vamos, vengo a buscarte para que me acompañes al casino, que está hoy muy animado y lleno de gente.

El casino, efectivamente, estaba lleno gracias a la fiesta del día siguiente, que era el día de San Juan. Además de los señores del lugar, había muchos otros de los alrededores que habían venido para asistir a los comienzos de la fiesta.

Currito llevó a don Luis, y don Luis se dejó llevar, a la sala donde estaba lo mejor de los elegantes del lugar y de todos los pueblos vecinos. Entre ellos destacaba el conde[32] de Genazahar, famoso en toda la zona.

Debía de tener unos treinta y tantos años; era guapo y lo sabía. El conde era uno de los que, pretendiendo a Pepita, había recibido un «no» seco y definitivo. El amor se había vuelto odio y el conde ponía veneno en sus palabras siempre que hablaba de ella.

En esto precisamente se divertía el conde cuando quiso la mala suerte que don Luis y Currito se sumaran al grupo. Don Luis se encontró cara a cara con el conde, que hablaba de este modo:

—Mala mujer la tal Pepita Jiménez. Quiere hacernos olvidar que nació y vivió pobremente hasta que se casó con aquel viejo y le robó su dinero. La única cosa buena que ha hecho la viuda es enviarle a la otra vida y salvar a la tierra de esa enfermedad. Ahora quiere Pepita ser buena y santa. Sabe Dios si no tendrá amores ocultos con alguno de sus criados burlándose así de todo el mundo.

Don Luis quedó como herido por un rayo cuando oyó al conde arrastrar por el suelo el nombre de la mujer que amaba.

Pero... ¿cómo defenderla? Él, casi sacerdote de un Dios de paz, no podía pelearse allí como un hombre cualquiera con aquel hombre sin vergüenza. ¿Qué diría luego la gente?

Don Luis pensó que lo mejor sería callarse e irse pero no lo permitió su corazón; y como hombre de religión, muy serio, llamó la atención al conde sobre sus horribles palabras.

Fue inútil. El conde contestó burlándose; la gente se puso de su lado a pesar de ser don Luis el hijo del cacique. El propio Currito, que no valía para nada, aunque no se rió, no defendió a su amigo. Don Luis tuvo que retirarse, herido por las bromas y las risas.

Pepita Jiménez

Currito llevó a don Luis a la sala donde estaba lo mejor de los elegantes del lugar y de todos los pueblos vecinos. Entre ellos destacaba el conde de Genazahar.

—¡Sólo esto me faltaba! —se dijo entre dientes el pobre don Luis cuando llegó a su casa y volvió a meterse en su cuarto. Se echó de golpe en un sillón y mil ideas contrarias le vinieron a la mente.

La sangre de su padre le quemaba en sus venas y le empujaba a «colgar los hábitos», como al principio le habían aconsejado, y a darle al señor conde lo que merecía. Pero entonces, pensaba, la vida que se había propuesto se vendría abajo en un instante.

Así estuvo don Luis largo rato en el silencio de su cuarto y cada pensamiento que tenía era aún más negro que el anterior.

* * *

En todo eso seguía pensando don Luis, cuando oyó un ruido muy cerca de él. Levantó los ojos y vio a su lado a la imprudente Antoñona, que había entrado en su cuarto.

Antoñona venía dispuesta a tener una conversación muy seria con don Luis; no sabía aún lo que iba a decirle pero esperaba encontrar las palabras necesarias. Cuando don Luis la vio, su cara mostró cuánto le molestaba aquella visita y dijo de manera seca:

—¿A qué vienes aquí? Vete.

—Vengo a pedirte explicaciones sobre mi niña —contestó Antoñona—, y no me iré hasta que me las des.

Acercó una silla a la mesa y se sentó enfrente de don Luis, dispuesta a quedarse allí todo el tiempo necesario. Viendo don Luis que no tenía otra solución, se calmó y dijo con voz más suave:

—Di lo que tengas que decir.

—Tengo que decir —respondió Antoñona— que lo que estás haciendo con mi niña no está nada bien. No come, ni duerme, sólo de pensar en que te vas. Buen trabajo dejas hecho antes de ser sacerdote.

—Antoñona —dijo don Luis—, déjame en paz. No debí mirar a tu señora, lo sé. No debí darle a entender que la amaba; pero yo la amaba y la amo aún con todo mi corazón. Es necesario, sin embargo, olvidar este amor. ¿Te imaginas que no es grande el dolor que me cuesta? Pepita debe ser fuerte y olvidarme también.

–Para ti es fácil –respondió Antoñona– porque puedes ofrecer a Dios el amor de una mujer que te ama, que es ya tuya. Pero ella ¿qué puede ofrecer a cambio, sino un amor mal pagado? ¿Cómo se puede dar lo que no se tiene?

Don Luis no sabía qué responder a las razones de Antoñona. Además, le molestaba discutir de amor con aquella criada.

–Yo no puedo curar el mal de tu señora –dijo por fin–. ¿Qué podría hacer yo?

–¿Qué podrías hacer? –protestó Antoñona–. Yo te diré lo que puedes hacer. Si no puedes curar el mal de mi niña, por lo menos hazlo más suave. Ven a ver a Pepita, que está enferma. Haz esta buena obra.

–¿Y qué conseguiré con esa visita? Hacer más grande el mal en lugar de curarlo.

–No será así. Tú irás allí y con tus buenas palabras le darás la medicina que necesita y el valor que le falta. Si le dices que la quieres y que sólo por Dios la dejas, al menos su orgullo de mujer quedará salvado.

–Lo que me propones es peligroso para mí y para ella.

–¿Por qué peligroso? Viendo que tus intenciones son puras y rectas, ¿no te dará Dios su ayuda para ser útil a mi niña y traerla al buen camino? Si se muriera de pena por verse abandonada, créeme, tú sufrirías toda tu vida y nunca hallarías descanso.

–¡Qué horrible! No quiero que sufra, iré a verla.

–¡Me lo decía el corazón! ¡Sabía que eras bueno!

–¿Cuándo quieres que vaya?

–Esta noche, a las diez en punto. Yo estaré en la puerta de la calle esperándote y te llevaré a donde está.

—¿Sabe ella que has venido a verme?
—No lo sabe. Ha sido todo idea mía; pero yo la preparé para que tu visita no la sorprenda demasiado. ¿Me prometes que irás?
—Iré.
—Adiós. No faltes. A las diez de la noche en punto. Estaré en la puerta.

Y Antoñona echó a correr, bajó la escalera de dos en dos y salió a la calle. Volvió a casa de su señora muy contenta consigo misma y dispuesta a prepararlo todo para que la medicina no hiciera más grave el mal de Pepita en vez de curarlo.

A Pepita no le contaría nada hasta el último momento; sólo entonces le diría que don Luis le había pedido una cita para despedirse de ella y que ella había señalado las diez. Además, esa hora era la mejor para que don Luis entrase en la casa sin que nadie le viese. Los dos jóvenes iban a poder estar tranquilos y a solas.

* * *

Mientras Antoñona pensaba en los detalles de la cita, don Luis daba vueltas y más vueltas en su cuarto, muy enfadado consigo mismo por haber sido tan débil y haber aceptado ir a casa de Pepita.

Se daba cuenta del peligro que corría y no veía ninguna ventaja en hacer una visita en secreto a la hermosa viuda. Ir a verla para caer en otro error, burlándose así de su sacerdocio, le parecía un grave crimen. Era también un engaño a su padre, que amaba a Pepita y quería casarse con ella. Además, consideraba que ir a verla para decirle que se olvidara de este amor, era provocar un dolor más grande que marcharse sin decirle nada.

Pensó entonces en escribir a Pepita una carta contándole sus sentimientos y lo que había decidido, y tratando de darle fuerzas para que ella también tuviese valor. Varias veces intentó escribir esta carta; estropeó y rompió mucho papel, pero la carta no salía nunca a su gusto.

Pensó también en contárselo todo a su padre y dos o tres veces se levantó dispuesto a ir a buscarle. Pero luego daba media vuelta y volvía a su cuarto.

No hay más solución que ir a ver a Pepita –dijo para sí don Luis–, no me queda otro camino. Valor y vamos allá.

Estaba tan preocupado que no cabía en su cuarto y hasta el aire le faltaba. Necesitaba salir fuera a caminar. Empujado por esta necesidad, tomó su sombrero y se fue a la calle. Pero como no quería encontrarse con nadie conocido, siguió hasta el campo y se metió entre las huertas que tanto le gustaban.

Cansado por fin de caminar, se sentó al pie de una cruz* de piedra; allí comenzó a dar vueltas a sus ideas, pero estaba tan nervioso que ni él mismo se daba cuenta de lo que pensaba.

Llegó la noche, con las muchas luces de sus estrellas y con una luna tan clara, que daba a los árboles y a los ríos un suave color de plata. El olor de las flores y de las plantas se hizo más fuerte y don Luis sintió que algo se despertaba en lo más profundo de su ser. Dudó entonces de sí mismo.

Era necesario, sin embargo, cumplir la palabra dada e ir a la cita. Pero mientras se acercaba al pueblo, aumentaba su miedo por lo que iba a hacer. A cada paso esperaba encontrar un aviso del cielo, algo que le obligase a volver atrás. Pero el cielo sonreía con sus mil luces, y la tierra toda parecía entregada al amor en aquella tranquila y hermosa noche.

Don Luis oyó el reloj de la iglesia dando las diez y empezó a caminar más deprisa para no llegar muy tarde. Pronto se encontró en el pueblo, con las calles llenas de gente y muy animadas.

Trató de no encontrarse con nadie conocido y por fin llegó a la casa de Pepita. Entró en el portal y, al momento, una mano le tomó por el brazo derecho. Era Antoñona, que dijo en voz baja:

—¡Ah, mal hombre! Ya creía yo que no venías. ¿Cómo te atreves a llegar tarde cuando el sol de la belleza te espera?

Mientras Antoñona decía estas cosas iba andando y arrastrando a don Luis. Toda la casa estaba en completo silencio.

Antoñona abrió la puerta de la sala, empujó a don Luis para que entrase y al mismo tiempo dijo:

—Niña, aquí tienes al señor don Luis, que viene a despedirse de ti.

Hecho el anuncio en la forma debida, Antoñona se retiró de la sala, dejando a solas al visitante y a la niña y volviendo a cerrar la puerta.

La visita empezó del modo más educado y formal. Los saludos fueron casi mecánicos por una y otra parte, y don Luis, invitado a ello, tomó asiento en un sillón, sin dejar su sombrero.

Hubo un largo silencio tan difícil de mantener como de romper. Ninguno de los dos se atrevía a hablar. La situación era en verdad muy complicada. Pepita, finalmente, se decidió:

—Al fin ha venido usted a despedirse de mí antes de marcharse. Ya había perdido yo la esperanza.

—No es justo que se queje usted —respondió don Luis—. He venido ya a despedirme de usted con mi padre pero no tuvimos el gusto de que nos recibiese. Nos dijeron que estaba usted algo enferma y todos los días hemos enviado recado para saber cómo seguía. Y ahora, ¿se encuentra usted mejor?

—Debería decirle que no me encuentro mejor —contestó Pepita—. Pero veo que viene usted enviado por su padre y no quiero que tan buen amigo se preocupe. Será pues mejor que diga, y usted repita a su padre, que me siento bien.

—Yo no vengo enviado por mi padre, señora, y ni siquiera sabe que he venido a verla a usted. He venido sólo porque soy yo quien se despide, no él. Mi padre volverá por aquí. Yo, es posible que no vuelva nunca; y si vuelvo, volveré muy distinto del que soy ahora.

Pepita no pudo controlarse. La felicidad con que había soñado desaparecía como una sombra. No podría evitar que aquel hombre, el único al que había amado en su vida, se marchara. Estaba condenada, con veinte años y tanta belleza, a vivir siempre sola; a amar a quien no la amaba. Cualquier otro amor era imposible para ella.

Era necesario luchar o morir para que aquello no sucediese y Pepita habló; habló sin esconder sus sentimientos, con pasión, mostrándose tal como era:

–¿Está usted seguro de su vocación? –preguntó–. ¿No teme usted ser un mal sacerdote? Señor don Luis, voy a dejar de lado mis propios sentimientos y voy a hablar fríamente, como si se tratase del asunto que me fuese más extraño. Aquí hay hechos que se pueden comentar de dos modos y en los dos sale usted perdiendo. Ha mirado usted a una mujer con miradas que prometían un amor humano y ha cogido usted su mano con la pasión de un amante. Si usted en realidad no ama a esta mujer y la ha... besado sin sentir nada por ella, salvo algo para mí que no tiene nombre, entonces vaya usted con Dios. Olvídela. Si ella es buena, no le querrá a usted por marido, ni siquiera para amante; pero, por amor de Dios, no sea sacerdote tampoco. Son otros hombres los que necesita la Iglesia. Pero si por el contrario, usted ha sentido una gran pasión por esa mujer y la ama de verdad, ¿por qué abandonarla tan cobardemente? ¿No comprende usted que ella morirá de dolor, y que usted, tan preocupado por el amor de Dios, empezará por matar a quien más le ama? Además, si esta mujer, una mujer de pueblo y sin educación, casi sin hablarle a usted, a los pocos días de conocerle, ha conseguido de usted esas muestras de cariño, ¿qué no conseguirán otras mujeres mil veces más bellas y peligrosas?

–Señora –contestó don Luis, intentando esconder lo que sentía en ese momento–, yo también quiero intentar hablar fríamente para responder a usted. Aunque crecí al lado de mi tío y en el Seminario, donde no he visto mujeres, en mi mente he imaginado a las más hermosas. Y ninguna mujer de este mundo podrá jamás compararse con las que yo he soñado. Por eso no temo ese peligro de que usted me habla.

—Eso son tonterías —dijo Pepita—, aunque las mujeres de sus sueños sean muy hermosas, siempre es más poderosa una mujer real que imaginada.

—No lo crea así, señora —se defendió don Luis—. Mi imaginación tiene mayor poder en sus creaciones que todas las realidades del mundo. Con usted no es así.

—¿Y por qué conmigo no es así? Eso me hace pensar que, a lo mejor, lo que usted ama en mí es una idea. ¿No seré quizás una de esas imaginaciones de su mente, una ilusión que nada tiene que ver conmigo?

—No, Pepita, no se divierta haciéndome sufrir. Yo la amo a usted, a usted tal cual es; pero este sentimiento es tan bello, tan puro que parece una idea.

—Aún me queda una pregunta. ¿No podría ser la mujer en general, y no yo, quien ha despertado esa idea?

—No, Pepita; ya le he dicho que el atractivo de una mujer, hermosa de alma y de cuerpo, había entrado en mi imaginación antes de verla a usted. Pero desde que vivo, desde que soy hombre, he intentado olvidar los amores y placeres de este mundo, porque mi camino era otro. Yo quería consumirme en el amor de Dios y sabía el precio que tenía que pagar para conseguirlo. Pero entonces apareció usted. Y sobre todas esas imaginaciones mías ha venido a elevarse la realidad que en usted he visto. Hasta algo superior a lo natural puede haber en ello porque yo la amé a usted desde que la vi, casi antes de que la viera. Mucho antes de saber que la amaba a usted, ya la amaba. Se diría que todo estaba ya escrito.

—Y si ya estaba escrito —dijo Pepita—, ¿por qué no aceptarlo? Olvide usted todo lo que no sea nuestro amor. Yo también creo que le amaba a usted antes de verle. Ahora le amo con todo mi corazón y nunca podré ser feliz sin usted. Yo nunca he tenido esas imaginaciones de perfección de que usted me habla, pero sí he soñado con alguien que me amara y a quien amar. Ese alguien era usted. Lo comprendí cuando me dijeron que usted había llegado, lo reconocí cuando le vi por primera vez. He querido olvidar este amor y no me ha sido posible. He pedido a Dios que me quite el amor o me mate, y Dios no ha querido oírme. Viendo esto, me he atrevido a pedir al cielo que usted abandone su camino, que nazca en su corazón un amor tan profundo como el mío. Don Luis, dígamelo usted sencillamente: ¿ha sido también sordo el cielo a este último pedido?

—Pepita —contestó don Luis—, el amor que usted me inspira es tan profundo como el suyo, pero su alma está libre de deberes y la mía no. Si yo cedo a su amor, pierdo la obra de toda mi vida. ¿Por qué, en vez de bajar yo, no se eleva usted hasta mí por ese mismo amor que me tiene? ¿Por qué no podemos amarnos sin vergüenza y sin mancha, sólo en espíritu? Hagamos juntos este difícil camino del amor puro. Pero para ello es necesario que nuestros cuerpos se separen, que yo vaya a donde me llama mi deber. Confíe en Dios. Él nos ayudará.

—¡Ay, señor don Luis! —respondió Pepita, con voz de amargo dolor—. Ahora conozco de qué bajo metal está hecha mi alma; mi mente no acepta lo que usted propone. Yo no puedo amar a usted sin usted. Para mí es usted, su boca, sus ojos, su pelo... Yo amo en usted no sólo el alma, sino el cuerpo, y la sombra del cuerpo, y la música de su voz. Viva, yo no puedo amar de otro modo; sólo muerta podrá mi espíritu, ya libre, seguirle donde usted vaya y amarle como usted quiere.

Aquí calló ella. Hubo un largo silencio. Don Luis no sabía qué decir. Las lágrimas bañaban la cara de Pepita, quien por fin continuó:

—Lo sé, usted no me ama y hace bien en decirme adiós. Le dejaré libre de mi molesta persona. Adiós, adiós para siempre.

Dicho esto, Pepita se levantó del sofá y, sin volver la cara, corrió hacia la puerta que daba a las habitaciones interiores. Don Luis sintió en su corazón amargos dolores. Tuvo miedo de que Pepita muriera. Intentó evitar que saliera de la sala pero no llegó a tiempo. Pepita pasó la puerta y se perdió en la oscuridad. Como arrastrado por una mano que no podía ver, don Luis la siguió y entró detrás de ella en la oscura habitación.

* * *

La sala quedó vacía. Sólo se oía el agua de la fuente del jardín. Por la ventana entraban el dulce olor de las flores y la luz de la luna.

Después de un largo rato, don Luis apareció de nuevo saliendo de la oscuridad. En su cara se veía pintado un terrible dolor.

Se dejó caer en una silla; se tapó la cara con las manos y así estuvo más de media hora, metido en sus pensamientos más amargos.

Quien le hubiera visto habría pensado que acababa de matar a Pepita.

Pepita, sin embargo, apareció poco después. Con paso lento, con la mirada dirigida al suelo, llegó hasta cerca de donde estaba don Luis y dijo de este modo:

—Ahora, aunque tarde, conozco todo el mal que hay en mi corazón, pero no quiero que me creas peor de lo que soy. Mira, no pienses que ha habido en mí engaño ni plan para perderte. Tú, de nada eres culpable. Tu pecado es muy pequeño. En mí es grave y horrible. Ahora te merezco menos que nunca. Vete, yo soy ahora quien te pide que te vayas. Dios te perdonará esta caída. Limpio de nuevo de culpa, continúa tu camino y hazte sacerdote de Dios. Eres libre, no quiero ni puedo mantenerte atado a mí.

Al decir esto, Pepita se puso de rodillas y se agachó hasta tocar con la frente el suelo de la sala. Don Luis siguió sin moverse. Así estuvieron los dos algunos minutos en terrible silencio.

Con voz apagada, sin levantar la cara del suelo, continuó luego Pepita:

–Vete ya. Yo tendré valor para sufrir tu olvido y tu odio que tan merecidos tengo. Seré tu criada, pero lejos de ti, para no traerte a la memoria la vergüenza de esta noche.

Pepita empezó a llorar. Don Luis no pudo más. Se puso en pie, llegó a donde estaba Pepita y la levantó entre sus brazos apretándola contra su pecho y llenándola de besos.

–Alma mía –dijo por último don Luis–, amada de mi corazón, levanta ya la cara y nunca más te pongas de rodillas delante de mí. La culpa es toda mía porque no supe separarme de tu lado cuando debía. Un verdadero sacerdote no se habría dejado ganar por la pasión y Dios le habría dado fuerza. Está claro que yo me equivoqué al elegir mi camino y que sólo me movía el orgullo. No comprendo qué viste en mí para enamorarte de ese modo.

–No seas tan duro contigo mismo –respondió Pepita, ya más tranquila–. Quiero que me elijas por amor, libremente, no para reparar una falta. Vete si no me amas, si crees que soy culpable de algo. No saldrá de mis labios ni una queja, aunque para siempre me abandones y no vuelvas a acordarte de mí.

La respuesta de don Luis no cabía ya en las estrechas posibilidades del lenguaje humano. Don Luis cortó las palabras de Pepita cerrando los labios de ella con los suyos en un beso lleno de pasión.

* * *

Bastante más tarde, avisando de su llegada con unas toses y el ruido de sus pasos, entró Antoñona en la sala diciendo:

–¡Vaya una larga conversación es ésta! Hora es ya de que te vayas, don Luis. Son cerca de las dos de la mañana.
–Está bien –dijo Pepita–, se irá enseguida.
Antoñona volvió a salir de la sala y esperó fuera.
Pepita estaba cambiada. Las alegrías que no había tenido cuando niña, ni en los primeros años de su juventud, surgieron de pronto en su alma como nace la tierra cuando las nieves y los hielos del invierno desaparecen. Se sabía amada y aquello la llenaba de inocente alegría. Alegre y feliz fue a buscar un peine y puso en orden el pelo de don Luis, besándoselo después.
–Adiós, dulce rey de mi alma –le dijo–. Yo se lo diré todo a tu padre si tú no te atreves. Él es bueno y nos perdonará.
Los dos amantes se separaron.

* * *

Don Luis bajó hasta el portal acompañado de Antoñona. Antes de despedirse, y sin pensarlo dos veces, dijo:
–Antoñona, tú que lo sabes todo, dime quién es el conde de Genazahar y qué clase de relaciones ha tenido con tu señora.
–Temprano empiezas a dudar de tu amada.
–No es que dude; es que necesito saberlo.
–Es mejor así. Ese conde es un mal hombre y un jugador. Se empeñó en que mi niña le quisiera, y como la niña nunca lo ha aceptado, está muy molesto con ella. Esto no quita que le deba aún más de mil duros; se los prestó hace años don Gumersindo porque Pepita se lo pidió. El tonto del conde creyó, sin duda, que Pepita, tan buena de casada, lo sería aún más de viuda y que le tomaría por marido. Cuando Pepita se negó, el conde se puso furioso.
–Adiós, Antoñona –dijo don Luis y salió a la calle tranquila y oscura.

En la calle, lejos de la vista de Antoñona, don Luis se puso a pensar seriamente; todo estaba claro y ya había decidido lo que tenía que hacer. Al lado de Pepita era feliz. Se sentía, sin embargo, un poco asustado ante aquel cambio en su vida. ¿Qué pensaría el deán, su tío? Y sobre todo, ¡qué motivo tan grave de queja para su padre! Por otro lado, lo que él antes llamaba su caída, no le parecía tan terrible ahora que había caído. Se daba cuenta de que nunca hubiera podido ser sacerdote y de que aquella vocación religiosa había sido más bien un engaño de juventud. Aceptaba verse casado, ocupándose de sus tierras, cuidando a sus hijos, pues ya soñaba con ellos, y siendo modelo de marido al lado de su Pepita. A esto, ya no quería llamarlo caída, sino cambio.

Sin embargo, quedaban aún dos dificultades por resolver antes de empezar aquella nueva vida: una era el disgusto de su padre. La otra era una dificultad aún más grande y grave.

Don Luis, cuando iba a ser sacerdote, hizo bien al no defender a Pepita de las sucias palabras del conde de Genazahar. Pero ahora, «colgados los hábitos» y decidido a casarse con Pepita, consideró necesario pedirle las debidas explicaciones. Bien sabía que el duelo[33] es una costumbre no muy justa ni educada y que Pepita no necesitaba la sangre del conde para quedar limpia de las palabras que la habían ofendido. Pero, a pesar de eso, don Luis sabía que no podría vivir consigo mismo si no daba al conde lo que se merecía.

Supuso que el conde, como jugador que era, estaría aún en el casino, a pesar de ser tan tarde. Sin pensarlo más, don Luis fue rápidamente a su casa; entró sin hacer ruido para no despertar a su padre y cogió doscientos duros de oro. Luego, marchó hacia el casino.

* * *

El casino estaba abierto, pero las luces del patio y de los salones estaban casi todas apagadas. Sólo en un salón había luz. Allí se dirigió don Luis y, desde la puerta, vio al conde de Genazahar que jugaba a las cartas haciendo de banquero[34]. Otras cinco personas estaban jugando con él: dos eran forasteros[35], los otros tres eran un alto cargo militar, Currito y el médico.

Don Luis entró en el salón pisando fuerte. Los jugadores se quedaron sorprendidos al verle.

—¡Tú por aquí a estas horas! —dijo Currito.

—¿Viene usted a darme otros sanos consejos? —preguntó el conde.

—Nada de consejos —respondió don Luis con mucha calma—. El mal éxito que tuvieron los últimos que di ha sido para mí la prueba de que Dios no me llama por ese camino y ya he elegido otro. Usted, señor conde, me ha convertido. He colgado los hábitos, quiero divertirme, estoy en la flor de la juventud y quiero disfrutar de ella.

—Vamos, me alegro —contestó el conde—; pero cuidado, niño, que si la flor no es fuerte, puede morir temprano.

—De eso me cuidaré yo —respondió don Luis—. Veo que se juega. ¿Sabe usted, señor conde, que sería gracioso que yo le hiciera perder la banca[34]?

—Tan gracioso como imposible. Ea —dijo el conde—, saque usted los dinerillos y pruebe suerte.

Don Luis se sentó a la mesa y sacó del bolsillo todo su oro. Aquel dinero era aún más del que el conde tenía en la banca.

—No hay que calentarse mucho la cabeza en este juego —dijo don Luis—. Ya me parece que lo entiendo. Pongo dinero a una carta, y si sale esa misma carta, gano; si sale la suya, gana usted.

—Así es, amiguito; viene usted hecho todo un hombre.

—Y más de lo que imagina, señor conde. Juguemos.

Empezaron a jugar y don Luis tuvo tan buena suerte que ganó casi siempre.

El conde empezó a molestarse.

–Parece que el niño va a dejarme en la calle –dijo–. Dios protege a los inocentes.

Sin embargo el conde se ponía cada vez más nervioso. Don Luis se sintió cansado y quiso acabar cuanto antes.

–El fin de todo esto –dijo– es ver si yo me llevo su dinero o si usted se lleva el mío. ¿No es verdad, señor conde?

–Es verdad.

–Pues ¿para qué hemos de estar aquí toda la noche? Ya va siendo tarde, y siguiendo su consejo debo cuidar las fuerzas de mi juventud. Curro, dime tú: aquí, en este montón de dinero, ¿no hay ya más que en la banca?

Currito miró y contestó:

–Es evidente.

–¿Cómo explicaré –preguntó don Luis– que juego todo lo que hay en la banca contra otro tanto?

–Eso se explica –respondió Currito– diciendo: ¡copo!

–Pues copo –dijo don Luis dirigiéndose al conde–. Juego todo a este rey, que saldrá antes que su enemigo el tres.

El conde, que tenía todo su dinero en la banca, se asustó al verse en esa situación; pero no tuvo otra salida que aceptar.

Según el refrán, quien tiene suerte en amores no la tiene en el juego, pero más cierto es el refrán contrario. La buena suerte, cuando llega, llega para todo, lo mismo que la desgracia.

El conde fue tirando cartas y no salía ningún tres. Su emoción era grande aunque tratase de esconderla. Por último, vio un rey y se paró.

–El rey de copas. ¡Dios mío! El curita me deja en la calle. Recoja usted el dinero.

El conde echó enfadado las cartas sobre la mesa. Don Luis, frío y tranquilo, recogió todo el dinero.

Después de un corto silencio habló el conde:
—Curita, es necesario que me dé usted una oportunidad.
—No veo la necesidad.
—¡Me parece que entre personas bien educadas...!
—Por esa ley el juego nunca tendría fin —respondió don Luis—, y sería mejor no ponerse a jugar.
—Deme usted otra posibilidad —dijo el conde, ya muy nervioso.
—Está bien —contestó don Luis—. Quiero ser generoso.

El conde volvió a tomar las cartas y se preparó para jugar otra vez.
—No tan rápido —dijo don Luis—. Entendámonos antes. ¿Dónde está el dinero de la nueva banca de usted?

El conde quedó confundido y nervioso.
—Aquí no tengo dinero —contestó—, pero me parece que es suficiente con mi palabra.

Don Luis entonces, con voz grave y tranquila, dijo:
—Señor conde, yo no tendría ningún problema en tener confianza en su palabra si no temiese hacerle enfadar y perder así su amistad; porque eso es lo que ocurrirá si yo le presto un dinero que no me pagará... Como no ha pagado, sino con mentiras, el que debe a Pepita Jiménez.

Como el hecho era cierto, el conde se sintió aún más ofendido. Se puso rojo de odio y, ya de pie, dijo con voz furiosa:
—¡Mientes, imbécil! ¡Voy a destruirte entre mis manos, hijo de mala madre!

Esta última frase, que caía sobre la memoria de la persona que don Luis más había querido en el mundo, no llegó a terminarse. Don Luis se levantó, pálido, y por encima de la mesa, dio un fuerte golpe en la cara de su enemigo, dejándole una marca.

No hubo más palabras ni gritos. Cuando empiezan las manos suelen callar las lenguas. El conde intentó echarse sobre don Luis, pero los que allí estaban le cogieron con fuerza.

–Dejadme libre, dejadme que le mate –decía.
–Yo no trato de evitar un duelo –dijo el militar–. El duelo es obligado. Trato sólo de que no luchéis como dos campesinos sino como es debido.
–Traed las armas –dijo el conde–. No quiero esperar ni un minuto... Ahora... aquí.
–¿Queréis luchar con espada? –preguntó el militar.
–Bien está –respondió don Luis.
–Vengan las espadas –dijo el conde.
Todos hablaban en voz baja para que no se oyese nada en la calle. Los mismos criados del casino, que dormían en la cocina y en el patio, no llegaron a despertar.

Don Luis eligió como testigos al militar y a Currito. El conde, a los dos forasteros. El médico quedó para hacer su oficio cuando fuera necesario.

Era todavía de noche. Se decidió realizar el duelo en el mismo salón, cerrando antes las puertas. El militar fue a su casa por las espadas.

Don Luis no había usado en su vida un arma. Pero, por suerte, el conde tampoco tenía mucha experiencia. Se pusieron en un rincón las mesas y las sillas para dejar libre el lugar. Don Luis y el conde se quitaron las chaquetas y tomaron las armas. A una orden del militar empezó el duelo.

Entre dos personas que no sabían usar las espadas, la lucha no podía durar mucho y así fue.

El conde estaba tan furioso que no podía controlarse. Era fuerte y de su espada llovían un montón de golpes, pero sin demasiado orden. Cuatro veces tocó a don Luis, sin herirle gravemente, pero fue necesario que el joven estudiante juntase todas sus fuerzas para no caer al suelo ante tan terribles golpes. Todavía tocó el conde por quinta vez a don Luis y le dio en el brazo izquierdo. Aquí la herida fue grande y la sangre de don Luis empezó a correr abundantemente.

Juan Valera

A una orden del militar empezó el duelo. Entre dos personas que no sabían usar las espadas, la lucha no podía durar mucho y así fue.

El conde fue hacia delante con más odio para herir de nuevo, pero don Luis, en vez de defenderse, dejó caer su espada con fuerza e hirió gravemente al conde en la cabeza. La sangre salió abundante y corrió por su cara. El conde cayó al suelo sin sentido.

Toda la lucha se había desarrollado en pocos segundos.

Don Luis había estado tranquilo hasta entonces, como quien se veía obligado por necesidad a entrar en un conflicto que es contrario a su modo de pensar. Pero cuando vio a su enemigo por tierra, bañado en sangre, se sintió terriblemente culpable. Él, que tan sólo unas pocas horas antes quería ser sacerdote, acababa quizás de matar a un hombre. No sólo no podía ser un hombre de Dios; ni siquiera podía ser un buen hombre.

El estado de don Luis, después de las emociones de todo aquel día, era el de un hombre enfermo. Currito y el militar le ayudaron a volver a casa.

Don Pedro de Vargas se levantó preocupado cuando le dijeron que su hijo venía herido. El médico vino poco después a curar al joven, y dijo que en tres o cuatro días podría volver a salir a la calle como si nada hubiera pasado. El conde, en cambio, tenía para varios meses, aunque su vida no corría peligro.

* * *

A los cuatro días del duelo, don Luis estuvo en condiciones de salir. El primer deber que creyó que necesitaba cumplir fue confesar a su padre sus amores con Pepita y comunicarle su intención de casarse con ella.

En la mañana del día 27 de junio, después de irse el médico, don Pedro quedó solo con su hijo y éste se decidió a hablar:

—Padre mío –dijo–, yo no debo seguir mintiéndole a usted por más tiempo. Hoy voy a confesarle mis faltas.

—Muchacho, si es confesión lo que vas a hacer, mejor será que llames al padre vicario. Pero si quieres contarme algún profundo secreto como a tu mejor amigo, empieza, que te escucho.

Aquí don Luis, poniéndose muy colorado, dijo:

—Mi secreto es que estoy enamorado de... Pepita Jiménez, y que ella...

Don Pedro cortó a su hijo con una risa alegre y continuó la frase:

—Y que ella está enamorada de ti, y que la noche anterior a la fiesta de San Juan estuviste con ella en dulces amores hasta las dos de la mañana y que por ella buscaste un duelo con el conde de Genazahar. Pues, hijo, gran secreto me cuentas. No hay perro ni gato en el lugar que no esté ya al corriente de todo. Pepita, además, no esconde en nada sus sentimientos. Desde que estás herido viene aquí dos veces por día y otras dos o tres manda a Antoñona para saber de tu salud; y si no han entrado a verte, es porque yo no lo he querido para que no te pusieran nervioso.

Don Luis se puso pálido cuando oyó contar a su padre toda la historia en tan pocas palabras.

—¡Qué sorpresa habrá sido para usted! —dijo.

—Nada de sorpresa, muchacho. En el lugar sólo se saben las cosas hace cuatro días y, la verdad sea dicha, tu cambio ha sorprendido mucho. ¡Miren al santo y al gatito muerto, dicen las gentes, qué callado lo tenía! El padre vicario, sobre todo, se ha quedado como tonto. Pero a mí nada me ha cogido por sorpresa, excepto tu herida. Nosotros, los viejos, sentimos crecer las plantas. Y no hay engaño de un joven que un viejo no descubra.

—Es verdad; todo lo que he hecho ha sido un engaño. ¡Le he mentido a usted y he sido un cobarde!

—No seas tonto. No digo esto para que te sientas mal sino para hacerme el listo. Hablemos en serio. Yo sé punto por punto la historia de tus amores con Pepita desde hace más de dos meses, pero lo sé porque tu tío el deán me lo ha contado todo. Oye la carta de tu tío y oye la respuesta que yo le di.

Don Pedro sacó del bolsillo unos papeles y leyó lo que sigue:

Carta del deán:

«Mi querido hermano:

Siento en el alma tener que darte una mala noticia, pero tengo confianza en que Dios te dará paciencia para que no te enfade demasiado. Luisito me escribe hace días extrañas cartas donde descubro una pasión demasiado humana hacia cierta viudita, guapa y atractiva que hay en ese lugar. Yo creía segura la vocación de Luisito y me alegraba de dar en él a la Iglesia de Dios un sacerdote que sirviera de ejemplo. Sin embargo, sus cartas han venido a destruir mis ilusiones. Luisito se muestra en ellas más enamorado que futuro sacerdote y la viuda, que debe de ser hija del espíritu del mal, le hará caer con poco que haga. Esto no me importa ya mucho y es mejor que sus malas condiciones se descubran con tiempo y no llegue a ser sacerdote. Pero hay un problema mayor que me preocupa y es que tú pretendes por esposa a la misma mujer. Sería muy malo que tu hijo fuese enemigo tuyo. Para que este problema no se produzca, te escribo hoy a fin de que envíes o traigas aquí a Luisito lo antes posible».

Don Luis escuchaba en silencio y con los ojos bajos. Su padre continuó:

—A esta carta del deán contesté lo que sigue:

Respuesta:

«Hermano querido y mi buen padre espiritual:

Mil gracias te doy por las noticias que me envías y por tus consejos. Aunque me considero listo, confieso que en esta ocasión no lo he sido. El orgullo me tenía ciego. Pepita Jiménez, desde que vino mi hijo, se mostraba tan dulce y cariñosa que había aumentado mis esperanzas. Ha sido necesaria tu carta para hacerme caer en la cuenta.

Ahora comprendo que al hacerme tantas fiestas no miraba en mí sino al papá del estudiante. No te lo negaré: me dolió un poco el darme cuenta; pero lo pensé bien, como persona madura, y mi dolor se convirtió en alegría. El chico es excelente y le he tomado mucho más cariño desde que está conmigo. Confieso también que no me gustaba mucho la idea de ver a Luisito convertido en padre de la Iglesia: yo no hubiera tenido entonces a nadie a quien dejar mis bienes ni mi nombre. Y tal vez fue eso lo que me dio la idea de casarme. Naturalmente, puse mis ojos en Pepita Jiménez, que no es hija de ningún espíritu del mal, sino una mujer hermosísima y buena. Tengo tan buena opinión de Pepita que, pese a mi orgullo herido, me llena de alegría pensar que si no me ama a mí, ama mi sangre, a mi hijo. Dios les dé lo mejor a los dos y sigan estos amores. Lejos de llevarte al chico, le haré quedarse aquí, hasta por la fuerza si es necesario. Sueño ya con verle casado y con hijos. Y yo me sentiré joven mirando a la hermosa pareja unida por el amor.

Es más, no pienses que voy a quedarme esperando a ver si el amor tiene éxito, sino que trabajaré para que lo tenga. Buscaré ayuda en Antoñona, criada de Pepita, que es muy lista y ama mucho a su señora. Ella ha hablado ya conmigo y por ella sé que Pepita está muerta de amores. Nos hemos puesto de acuerdo para que yo siga haciendo como si no viera ni me enterara de nada. Y el padre vicario, tan inocente, se ha convertido en nuestra mejor arma, porque siempre está hablando de Luis con Pepita, y de Pepita con Luis. Tan excelentes ayudas tienen que dar un resultado extraordinario. Ya te lo diré al darte noticias de la boda, para que vengas a felicitar a los novios o les envíes un buen regalo».

Así acabó don Pedro de leer su carta, y al volver a mirar a don Luis, vio que éste había estado escuchando con los ojos llenos de lágrimas.

El padre y el hijo se dieron un largo y apretado abrazo.

III

Epílogo

CARTAS DE MI HERMANO

Al mes justo de esta conversación y de esta lectura, se celebraron las bodas de don Luis y de Pepita Jiménez.

Su historia debería terminar aquí y esta tercera parte no es necesaria. Pero el señor deán la tenía entre sus papeles y yo, que tengo la responsabilidad de haber dado al público esta historia, no quisiera dejarla sin terminar.

Esta tercera parte no es sino un conjunto de cartas que don Pedro de Vargas escribió a su hermano el señor deán desde el día de la boda y hasta cuatro años después. En ellas se nos dan noticias de todas las personas que han aparecido en esta historia y por eso creo interesante que se lean.

Sin embargo, no será necesario escribir las cartas enteras; sin poner fechas y siguiendo un orden lógico, copiaré sólo algunos trozos y punto final.

Currito, con deseos de parecerse a su primo y viendo la felicidad que reina en casa de Pepita y de Luis, ha buscado novia a toda prisa. Se ha casado con la hija de un rico agricultor de aquí, sana y hermosa, que promete adquirir en poco tiempo el mismo tamaño o aún mayor que el de su suegra, doña Casilda.

* * *

El conde de Genazahar, después de cinco meses de cama, está ya curado de su herida y, según dicen, mucho mejor en su manera de tratar y de hablar a los demás. Ha pagado a Pepita más de la mitad de lo que le debía y espera pagar pronto el resto.

* * *

Hemos tenido un disgusto grandísimo, aunque ya lo esperábamos. El padre vicario, cediendo al peso de la edad, ha muerto. Pepita ha estado junto a su cama hasta el último momento y le ha cerrado los ojos con sus hermosas manos. Ella y todos nosotros le hemos llorado de verdad.

* * *

A Luis, le ha afectado mucho esta muerte. El vicario era un hombre sencillo y no muy inteligente, pero generoso y de una gran fe. Cuando Luis se compara con él, siente vergüenza por sus propias faltas y su corazón se vuelve amargo de dolor. Pero Pepita, que sabe mucho, le devuelve la paz con sonrisas y cariño.

* * *

Todo va muy bien en casa. La cantidad de aceite que hemos producido este año ha sido extraordinaria y podemos permitirnos algunos gastos con cierta alegría. Yo aconsejo a Luis y a Pepita que den un buen paseo por Alemania, Francia e Italia cuando Pepita esté bien y tenga de nuevo todas sus fuerzas.

* * *

Hemos esperado dos semanas para bautizar* al niño, de esta manera la fiesta la realizamos un año justo después de la boda. Le hemos dado mi nombre y yo estoy soñando ya con que Periquito hable y me llame abuelo.

* * *

Así podríamos seguir copiando trozos de estas cartas, si no temiésemos cansar a los lectores. Terminaremos, pues, copiando parte de una de las últimas:

Mis hijos han vuelto de su viaje muy contentos y con Periquito muy crecido y gracioso.

Luis y Pepita vienen decididos a no volver a salir del lugar, aunque mucho les dure la vida. Están enamorados como nunca el uno del otro.

El amor que se tienen y el cariño con que se tratan y tratan a todo el mundo, unido al buen gusto con que llevan su casa, servirá de ejemplo para que la cultura se extienda por el pueblo.

No imagines, sin embargo, que esta vida humana y material, tan feliz, les haga perder su sentimiento religioso. Éste aumenta de día en día. En toda alegría que reciben, o que pueden dar a los demás, ven un nuevo regalo del cielo y se sienten obligados a dar por ello las gracias.

La huerta de Pepita ha dejado de ser huerta; es, ahora, un hermoso jardín de paseo y de descanso. El lugar donde merendamos aquella tarde se ha convertido en una hermosa sala de estar, en la que todos los motivos de sus cuadros recuerdan el amor.

Una copia de la Venus de Médicis, hecha con bastante cuidado, ocupa el mejor lugar. A sus pies tiene escritos esos versos de Lucrecio que dicen: «Sin ti nada puede subir a las hermosas regiones de la luz, y no hay sin ti en el mundo ni alegría ni nada que sea amable».

SOBRE LA LECTURA

Para comprobar la comprensión

I
CARTAS A MI SOBRINO

22 de marzo
1. ¿A quién escribe don Luis?
2. ¿Desde dónde escribe don Luis?
3. ¿Qué quiere ser don Luis?
4. ¿Quién es Pepita Jiménez? ¿Está casada? ¿Qué tipo de vida lleva?
5. ¿Qué relación hay entre el padre de don Luis y Pepita?

28 de marzo
6. En su primera visita, ¿cuál es la opinión de don Luis sobre Pepita?
7. ¿Y qué piensa el vicario de Pepita?
8. ¿Sobre qué le pregunta el vicario a don Luis?

4 de abril
9. ¿Qué está empezando a ocurrirle a don Luis? ¿Le preocupa?

8 de abril
10. ¿Qué es lo que sorprende al padre de don Luis y a sus amigos?
11. Don Luis se fija particularmente en dos detalles físicos de Pepita. ¿Cuáles? ¿Qué impresión producen en don Luis?

12. ¿Por qué tiene don Luis ganas de irse ya del pueblo?

14 de abril

13. Don Luis y el vicario son ahora buenos amigos y charlan a menudo. ¿Cuál es su tema principal de conversación?
14. ¿Piensa don Luis que hablar tanto de ese tema es algo natural?

20 de abril

15. ¿Piensa don Luis que los temores del deán están justificados? ¿Por qué?

4 de mayo

16. ¿Cuál es, según don Luis, la mayor diferencia entre la vida en una ciudad y en un pueblo?
17. ¿Por qué no disfruta don Luis del paseo al Pozo de la Solana?
18. ¿Qué ocurre por primera vez durante este paseo? ¿Cómo se siente don Luis después, durante la merienda y a la vuelta del paseo?
19. ¿De qué le ha convencido Pepita a don Luis? ¿Quién será su profesor? ¿Le gusta la idea?

7 de mayo

20. ¿Qué le está ocurriendo a don Luis con respecto a Pepita? ¿Está todavía muy seguro de no quererla?

12 de mayo

21. ¿Qué sucede entre don Luis y Pepita por primera vez?
22. ¿Qué ha observado don Luis en Pepita?
23. ¿Cuál es la actitud del padre de don Luis ante las relaciones de su hijo y Pepita? ¿Qué opina don Luis de esta actitud?

19 de mayo

24. ¿Qué ha comprendido por fin don Luis? ¿Cómo se siente?

SOBRE LA LECTURA

23 de mayo

25. Don Luis no puede evitar ir todas las noches a casa de Pepita. ¿Cómo se siente cada vez que esto sucede?

30 de mayo

26. Por fin don Luis consigue no ir a ver a Pepita durante unos días. ¿Significa esto que se ha olvidado de ella?

6 de junio

27. ¿Por qué vuelve don Luis a casa de Pepita? ¿Cuál es su actitud al principio?
28. ¿Qué ocurre por primera vez entre Pepita y don Luis?

11 de junio

29. ¿Qué le ha prometido su padre a don Luis?

18 de junio

30. ¿Qué le ocurre a Pepita?
31. ¿Qué piensa don Luis de la visita de Antoñona?

II
COSAS NO DICHAS

32. ¿Quién entendió enseguida lo que pasaba entre Pepita y don Luis?

* * *

33. Pepita confiesa sus amores al vicario. ¿Cómo reacciona éste? ¿Cuál es su consejo?
34. ¿Cree Pepita que podrá seguir ese consejo?

* * *

35. ¿A quién conoce don Luis en el casino? ¿Por qué habla tan mal de Pepita este personaje?

36. ¿Qué intenta hacer don Luis? ¿Lo consigue?

* * *

37. ¿Qué consigue Antoñona?

* * *

38. ¿Qué hace don Luis antes de ir a ver a Pepita? ¿Por qué?

* * *

39. Don Luis intenta convencer a Pepita de que los dos deben convertir su amor en algo superior. ¿Lo consigue? ¿Qué intenta Pepita a su vez?

* * *

40. Ahora que acepta su amor por Pepita y que ha abandonado la idea de hacerse sacerdote, ¿qué dos cosas importantes le quedan por hacer a don Luis?

* * *

41. ¿Por qué se pelean don Luis y el conde? ¿Quién gana?

* * *

42. ¿Se sorprende el padre de don Luis cuando éste le confiesa su amor por Pepita? ¿Por qué? ¿Cómo lo sabía?

III
EPÍLOGO. CARTAS DE MI HERMANO

43. ¿Cómo termina la historia entre Pepita y don Luis?
44. ¿Qué le ocurre al vicario? ¿Quién lo siente más?
45. ¿Quién es Periquito?
46. ¿Cómo viven Pepita y don Luis en el pueblo?
47. ¿Han olvidado Pepita y don Luis su amor a Dios?

SOBRE LA LECTURA

Para hablar en clase

1. En esta historia, varias personas se engañan a sí mismas viendo sólo lo que quieren ver. ¿Quiénes son? ¿En qué consiste su engaño?
2. ¿Qué personaje te ha parecido más simpático o antipático? ¿Por qué?
3. ¿Puedes describir cómo, poco a poco, don Luis va «despertando» a una vida más física y menos espiritual?
4. ¿Te parece que cualquier persona puede hacer por su religión tanto como un sacerdote?
5. La novela describe un tipo de vida en el campo. ¿Qué prefieres tú: vivir en el campo o en la ciudad? ¿Por qué?

NOTAS

Estas notas proponen equivalencias o explicaciones que no pretenden agotar el significado de las palabras y expresiones siguientes, sino aclararlas en el contexto de *Pepita Jiménez*.

m.: masculino, *f.*: femenino, *inf.*: infinitivo.

[1] **distraerse:** entretenerse, pasar el tiempo agradablemente. También, dejar de pensar en lo que se está haciendo y ocupar la mente con otras cosas.

[2] **impresión** *f.*: efecto o sentimiento producido en una persona ante algo; aquí, sorpresa.

[3] **huertas** *f.*: tierras donde se plantan verduras, legumbres, árboles frutales y, en general, plantas que necesitan gran cantidad de agua.

[4] **cacique** *m.*: persona que, por su clase social o dinero, interviene en la política o administración de un pueblo, pudiendo llegar a convertirse en jefe del mismo.

[5] **cuidar:** ocuparse de alguien o de algo con atención y cariño.

[6] **orgullo** *m.*: amor propio, sentimiento y actitud de la persona que se considera superior a las demás. También, el objeto que inspira ese sentimiento.

[7] **pretender:** querer un hombre que una mujer sea su novia o se case con él; **pretendiente** (*m.*) es el hombre que **pretende** a una mujer.

[8] **esposa** *f.*: mujer unida a un hombre por matrimonio (también, se emplea la palabra **mujer**, más familiar).

[9] **odio** *m.*: sentimiento violento de antipatía hacia una persona que lleva a desearle o causarle daño y a alegrarse de sus desgracias.

[10] **agradecimiento** *m.*: sentimiento de la persona que agradece o da las gracias por algo.

NOTAS

[11] **respeto** *m.*: consideración en que se tiene a alguien o algo que merece cierta admiración por algún valor que se le reconoce.

[12] **conciencia** *f.*: conocimiento que el espíritu humano tiene de sí mismo y que le permite decidir lo que está bien y lo que está mal.

[13] **en efecto**: efectivamente, así es.

[14] **amar**: sentir amor por alguien, **querer** (siendo este último verbo el que se usa corrientemente).

[15] **ante**: delante de (en lengua más culta).

[16] **naturaleza** *f.*: el mundo físico, todo lo que existe pero que no ha sido hecho por la mano del ser humano: el cielo, el mar, las montañas, los árboles, los animales, etc.

[17] **atraer**: despertar el interés, la atención o el cariño de alguien.

[18] **perfección** *f.*: hecho de ser perfecto, de no tener ningún defecto.

[19] **escribano** *m.*: antiguo nombre del **notario**, funcionario público con autoridad para establecer como auténticos ante la ley aquellos documentos que recibe. Por ejemplo, los contratos de matrimonio, de compra y venta, etc.

[20] **activa**: aquí, una vida en el mundo real, entre las personas y sus problemas y no una vida retirada, lejos de todo, como la que llevan algunos sacerdotes.

[21] **montan a caballo**: van a caballo.

[22] **temores** *m.*: miedos.

[23] **casino** *m.*: club, lugar donde las personas se reúnen para pasar el tiempo hablando, jugando, leyendo, etc.

[24] **administrador** *m.*: persona que se encarga de cuidar de los intereses y dinero de otra(s).

[25] **a solas**: solo con otra persona, sin más compañía que ella.

[26] **espadas** *f.*: armas blancas, de hoja de acero larga, recta y cortante por los dos lados.

[27] **soledad** *f.*: situación de la persona que vive sola y retirada de los demás; sentimiento de tristeza que provoca esa situación.

[28] **boticario** *m.*: antiguamente, persona que tenía a su cargo una **botica** o farmacia.

83

[29] **jugadores** *m.*: en general, personas que juegan o participan en un juego; también, personas muy aficionadas al juego y que, a veces, se ganan así la vida.
[30] **lágrimas** *f.*: líquido que asoma a los ojos y cae por la cara cuando se está llorando.
[31] **deber** *m.*: conjunto de cosas que debemos hacer, obligación moral.
[32] **conde** *m.*: título de nobleza inmediatamente inferior a marqués.
[33] **duelo** *m.*: lucha, a veces a muerte, entre dos personas, de las cuales una ha ofendido a la otra. Cada una elige dos testigos; las armas se eligen de común acuerdo.
[34] **banquero** *m.*: aquí, persona que, en el juego, tiene a su cargo la **banca** (*f.*): conjunto del dinero aportado por los jugadores de donde se paga a los que ganan; también, juego de cartas donde cada jugador elige una carta determinada contra el banquero.
[35] **forasteros** *m.*: personas que vienen de otro lugar o que no han nacido en el sitio donde viven.

GLOSARIO RELIGIOSO

Las palabras explicadas aquí van señaladas en el texto con un asterisco (*).

m.: masculino, *f.*: femenino, *inf.*: infinitivo.

alma *f.*: principio espiritual o parte no material del ser humano. Para aquéllos que creen en un dios, el **alma** es la parte del ser humano que no muere con el cuerpo y que tiene otra vida después de la muerte.

bautizar: uno de los primeros deberes establecidos por la Iglesia por el que se limpia a la persona del primer **pecado** y se le da un nombre.

caída *f.*: hecho de caer; en sentido figurado, error, falta, pecado (ver más adelante).

colgar los hábitos: por referencia al traje que llevan los hombres de la Iglesia, abandonar la vida o los estudios de **sacerdote** (ver más adelante).

confesar: admitir o decir algo que, hasta entonces, se ha querido ocultar; también significa decirle a un **sacerdote**, llamado **confesor** (ver más adelante), todo lo malo que, según la ley de Dios, ha hecho para que éste le perdone.

confesión *f.*: relato que hace una persona de lo que considera sus malas acciones o pensamientos.

confesionario *m.*: pequeña cabina de madera donde se instala el **confesor** que se encuentra en las iglesias.

confesor *m.*: **sacerdote** que recibe una confesión.

cruz *f.*: objeto construido con dos barras de madera, piedra o metal cruzadas, una más larga que la otra. Símbolo cristiano en recuerdo de la muerte de Jesucristo.

deán *m.*: en la Iglesia católica, cargo inmediatamente inferior al de obispo.

fe *f.*: hecho de creer en algo sin tener pruebas de su existencia, especialmente en materia religiosa.

oración *f.*: aquí, acción de **rezar** (ver más adelante); también, aquellas palabras que se dicen al rezar, tanto textos establecidos por la Iglesia (el Ave María, por ejemplo) como aquéllos nacidos de la experiencia individual.

pecados *m.*: hechos, palabras o pensamientos condenados por la Iglesia por ser contrarios a la ley de Dios.

religión *f.*: conjunto de cosas que cree una persona o un grupo social sobre un dios o principio reconocido como superior, y todo aquello que se hace para obedecer la ley de ese dios. Aquí, religión católica.

religioso: de amor a Dios; en general, perteneciente o relativo a una religión.

rezaré (*inf.*: **rezar**): me dirigiré a Dios o a los santos, oral o mentalmente, para pedir o agradecer algo.

sacerdocio *m.*: función o profesión de sacerdote.

sacerdote *m.*: hombre que dirige los servicios religiosos (celebrar misas…) y, en general, que lleva la palabra de Dios a todo el mundo.

santos *m.*: aquí, aquellas personas que por su vida y obras participan de la perfección de Dios y que la Iglesia elige para que sirvan de ejemplo a los demás.

Seminario *m.*: establecimiento donde los jóvenes que quieren ser sacerdotes estudian y se preparan para ello.

vicario *m.*: sacerdote que ayuda y puede reemplazar al cura.

Virgen *f.*: madre de Dios en la religión católica.

vocación *f.*: gusto e interés naturales hacia una determinada profesión o tipo de vida. Una persona con vocación religiosa se siente llamada a dar su vida a Dios.

Títulos ya publicados de esta Colección

Nivel 1

¡*Adiós, papá!* ÓSCAR TOSAL
El misterio de la llave. ELENA MORENO
La sombra de un fotógrafo. ROSANA ACQUARONI
Soñar un crimen. ROSANA ACQUARONI
Una mano en la arena. FERNANDO URÍA
Mala suerte. HELENA GONZÁLEZ VELA Y ANTONIO OREJUDO
El sueño de Otto. ROSANA ACQUARONI

Nivel 2

El hombre del bar. JORDI SURÍS JORDÀ Y ROSA MARÍA RIALP
En piragua por el Sella. VICTORIA ORTIZ
La chica de los zapatos verdes. JORDI SURÍS JORDÀ
La ciudad de los dioses. LUIS MARÍA CARRERO
El libro secreto de Daniel Torres. ROSANA ACQUARONI
Asesinato en el Barrio Gótico. ÓSCAR TOSAL
El señor de Alfoz. M.ª LUISA RODRÍGUEZ SORDO
De viaje. ALBERTO BUITRAGO
* *La corza blanca.* GUSTAVO ADOLFO BÉCQUER
* *Rinconete y Cortadillo.* MIGUEL DE CERVANTES

Nivel 3

* *Don Juan Tenorio.* JOSÉ ZORRILLA
* *El desorden de tu nombre.* JUAN JOSÉ MILLÁS
* *La Cruz del Diablo.* GUSTAVO ADOLFO BÉCQUER
* *Marianela.* BENITO PÉREZ GALDÓS
* *La casa de la Troya.* ALEJANDRO PÉREZ LUGÍN
* *Lazarillo de Tormes.* ANÓNIMO
El secreto de Cristóbal Colón. LUIS MARÍA CARRERO
Pánico en la discoteca. FERNANDO URÍA
* *Don Quijote de la Mancha I.* MIGUEL DE CERVANTES
* *Don Quijote de la Mancha II.* MIGUEL DE CERVANTES

Nivel 4

Carnaval en Canarias. FERNANDO URÍA
* *El oro de los sueños.* JOSÉ MARÍA MERINO
* *La tierra del tiempo perdido.* JOSÉ MARÍA MERINO
* *Las lágrimas del sol.* JOSÉ MARÍA MERINO
* *La muerte y otras sorpresas.* MARIO BENEDETTI
* *Letra muerta.* JUAN JOSÉ MILLÁS
* *Sangre y arena.* VICENTE BLASCO IBÁÑEZ

Nivel 5

* *Pepita Jiménez.* JUAN VALERA
* *Aire de Mar en Gádor.* PEDRO SORELA
* *Los santos inocentes.* MIGUEL DELIBES

Nivel 6

* *Los Pazos de Ulloa.* EMILIA PARDO BAZÁN
* *La Celestina.* FERNANDO DE ROJAS
* *El Señor Presidente.* MIGUEL ÁNGEL ASTURIAS

* *Adaptaciones*